澳洲
認真使用須知

一枚資深澳客的真情分析與隨興採樣

Oz Survival Guide

二花小姐 著

也許因為當老師的關係，我超喜歡提供別人留學生活建議，也不管那是多久以前的「想當年」。看完《澳洲認真使用須知》後，我總算承認自己一直是以外來客的心態在異鄉求生存而已，從未認真對待文化差異或嘗試融入生活。在二花小姐幽默風趣的生花妙筆下，鄭重推薦給所有欲赴外生活的使用者，務必確認已詳讀並同意載明之真情分析使用規則。

——陳靜敏／國立成功大學護理學系老年學研究所教授

造訪過澳洲兩次就被圈粉、立下再訪無數次心願的我，終於在二花小姐的新書裡找到原因，透過她「類觀光客半在地人」的雙鏡頭，加上妙語生花的文筆，這本使用須知不是旅居心得，而是認真生活的文化觀察書。

——羅怡君／親職溝通作家與講師

二花旅居澳洲多年，以幽默風趣的文筆，把澳洲的人文、生活和社會描寫得活靈活現，對澳洲有興趣的讀者，一定能從這本使用須知中得到收穫。

——雙寶娘（譚惋瑩）／親子作家

老實說澳洲原來根本不在我的旅遊清單內，但被二花這麼一寫，覺得應該也不錯玩。

雖然澳洲腔不是英文，百貨公司五點半打烊我無法，信用卡要年費真是我的媽，網路沒有吃到飽要逼死誰？但還好我沒想住那，再怎麼樣都只是個死觀光客，負責玩耍就好。因為澳洲還有體貼、互相禮讓、念舊、崇尚自然、喜好運動，重視環保與動保，做為純觀光，有日本的禮讓卻沒有日本人的拘謹，玩起來絕對舒服。

若不是身為澳洲移民，光是沾醬油似的觀光客，不管去多少次，絕對不可能那麼了解澳客的苦與樂。還好二花就是一尾厲害的澳客，頂著醫療專業身分前往澳洲，從無到有落地生根，順便分享所見所聞。

不管你想不想移民澳洲，書中建議都要聽進心坎兒裡，因為二花很誠懇地要你把心態調整好，英文不夠溜沒關係，但絕對要放開心胸，並有不被少數人接納的勇氣。身為心理師，我認為從心做起永遠最基本，但也最容易被忽略。希望二花再來一本「澳洲認真玩耍須知」，配上這本一起服用，效果加倍啊。

——劉南琦／臨床心理師、文字工作者

「讀萬卷書行萬里路」，書上念的世界總與實際走訪時的體驗大不相同。要不是新冠病毒肆虐，此時此刻世上人不是正在異鄉放鬆充電，就是正在準備體驗旅行的路上。

我與二花小姐的相識也從文章的分享開始，她幽默風趣的妙筆與本人的秀氣容貌相異其趣！除了這項驚喜之外，對於她移民澳洲、在異鄉成家立業的故事，更是滿滿新鮮與好奇～所幸，我們雖然無法短時間內快意造訪，卻能先在讀本上目睹澳洲風光、事先在腦海中神遊一番！感謝二花，讓我們有機會在書本上提前部署體驗澳洲。

——李忠峯／臺灣心智圖大賽創辦人

《澳洲認真使用須知》讓我勾起了約莫十六年前第一次到澳洲打工度假的那段美好記憶。我們是最早到澳洲打工度假的一群人，開放第一年就去了，從打工度假的角度認識澳洲，和二花小姐長年居住澳洲的移民角度竟有如此大不同！旅行最有趣的部分之一就是在當下體會與感受不同的國家和文化，但旅人看到的與移民看到的卻大不相同，相當有意思。透過二花小姐輕快有趣的筆觸，認識你我不熟悉的澳洲大陸，雖然現在因為疫情的關係短時間去不了，但推薦計畫前往澳洲旅行、打工度假或移民的朋友，本書絕對是必看必買的澳洲良伴。

——吳成夫／「旅行心花漾」節目主持人、旅遊玩家

如果孩子對你說「我要去澳洲打工度假」該怎麼辦？那就跟孩子一起看這本書吧！

二花小姐多年前移居澳洲，這是她多年來的詳盡觀察，就算是疫情時代，也可以解飢你想出國旅行的渴望。

——趙崇甫（大樹老師）／育兒顧問

真心覺得二花大概撿到了柯南的放大鏡，才能這麼仔細地看穿澳洲的脈絡，或是被灰姑娘附身，才能在險惡的環境下用巨大的善良與溫柔等待到幸福的生活。

從有在澳洲工作經驗都肯定懷疑人生過的「周五半醉日」、上了「隨著感覺走的公車」懷疑澳洲是否第三世界國家、「路邊到處可見的破雨傘」中的社會脈絡；超真心的分享由「澳洲人禮貌性尬聊」帶來的嚴重社交恐慌症，以及她又如何為此鍛鍊出強大的肌肉；溫柔的在「看不見的排隊」裡看到澳洲人的尊重與界線；從澳洲同事的「今天發薪嗎」大談和臺灣極為不同的經濟與文化脈絡下的澳洲價值觀，她又如何被這個社會牽動著。

二花樸實細膩的觀察悠悠說出花了我好久才理解的事情，撫慰了我在澳洲跌跌撞撞的七年，溫柔的觀點也療癒了我心裡的臺灣人小劇場。她神奇的把我那些亂七八糟的想法和情緒過濾為乾淨利落的文字，而且沒有加太多味精，溫溫醇醇，順口，療癒，重點是超回甘！

默默抱怨「為什麼不早點出版」時，必須大力推薦給正在澳洲「貼著人排隊」的打工度假朋友們、想懂不英又不美的獨特澳洲性格，或是正被嚇傻需要收驚、正在澳洲生活卻快崩潰的久居者，或是和我一樣想多認識和支持二花的你們。

——塔斯艾瑪／「Get 澳」Podcast 主持人

（以上按來稿順序刊登）

目次 *Contents*

PART II

澳洲模式，開啟！

PART III

Down Under 的普通日常

PART Ⅳ

小小澳洲人養成班

PART V

澳洲限定極短篇

寫在前面

G'day, mate！

說起澳洲或澳洲人，總讓人既熟悉又陌生，感覺就像那位街坊很久但又說不上熟識的鄰居。臺灣人對澳洲的印象不外乎：羊毛袋鼠無尾熊、英語系國家、觀光留學不用多學「澳語」、文化好像和英美很接近、曾經是英國殖民地、和「純正牛奶」與《魔戒》產地的紐西蘭是鄰居、有雪梨歌劇院和一塊紅色大石頭、出產冰冰霜和木瓜霜、似乎是五眼聯盟一員……然後，好像就沒有了。

如果這是澳洲的輪廓，那麼，澳洲的模樣究竟如何呢？

要說澳洲是英語系大國嘛，國土很大沒錯，但人口和真正的「大」國相比卻很寂寥。地廣人稀的澳洲幅員和美國差不多，有兩百多個臺灣那麼大，人口總數卻和臺灣不相上下。

試著想像一下資源突然多兩百倍，空間也放大兩百倍的感覺吧！是不是眼開心也開，連呼吸到的空氣都覺得變多了呢！

正是這樣豐富到近乎過剩的自然資源牽動著澳洲人的心境和人際，也間接成就了傳統澳洲人慢活、樸實又帶點憨厚的個性。澳洲人愛笑英國人古板僵硬、嫌美國人又吵又浮誇，卻也從不諱言自己的隨興與懶散。若硬要和英美比較，澳洲人沿襲了英國文化的彬彬有禮和紀律，又比英國佬多了點彈性和人情味；有美國人的幽默與大剌剌，但又比老美節制含蓄。總之，是一個容易衝動也容易感動的民族。

澳洲歷史的計算方式相當弔詭，直到現在各方仍然爭吵不休。如果從脫離英國殖民算起，澳洲歷史只有一百多年；要是算上英國殖民期，了不起兩百多年；若遠溯早期歐洲移民落腳（European Settlers），那也不過是近代四百多年的事，和動輒千年的文化相比，連幼幼班都排不上。

若以「獨立政府成立」的年歲來看，「澳洲國」的確年輕，且正因這年輕，澳洲人沒有太多歷史包袱，勇於做夢，勇於改變，勇於創造，在過去幾十年中積極參與國際事務、展現長才。以農林漁牧和採礦立國的他們在吃苦耐勞之餘，也以憨人般的寬容與質樸吸引著世界目光，並依舊帶著點怯生生的謙讓。

澳洲的國歌直到一九七四年才誕生，一九八四年才定調，如此的年輕國度，連國歌都大唱：「澳洲人，讓我們為了我們的年輕與自由而歡暢！」（Australians all let us rejoice. For we are young and free!）

而澳洲國歌的誕生、內容、引起的爭論和經歷的波折，彷彿就是澳洲歷史和澳洲精神的縮影。為了表達性別平權與更接近本土文化，澳洲國歌歷經了數次修改。一國之歌都可以一改再改，無疑表現出澳洲人勇於承認錯誤的良善本質和願意與時俱進的彈性。

同樣就是這句「為了我們的年輕與自由」讓澳洲國歌飽受抨擊，彰顯了至今仍飽受爭議的過去和現在。一首由接管澳洲的歐洲白人後裔寫的國歌，讚揚澳洲年輕歷史的同時，似乎也刻意遺忘和忽略了早在這塊土地上住了幾萬年的原居民。

一如我們所知的新威權與原居民故事，澳洲白人與原居民之間的恩怨情仇同樣是一段殘忍、不堪回首，無法抹滅也無法挽回的悲劇。然而，澳洲的原始居民與歐洲拓荒者，也就是後來的澳洲政府之間的糾葛，以及現代澳洲政府勇於面對且急於做出彌補和改善的心態轉折，同樣是澳洲文化中相當重要的一環。

更重要的是，無論是原居民還是拓荒者後裔，無論他們之間的愛恨情仇多麼盤根錯節，傳統的澳洲人很善良、很溫暖、很隨和，也很認命，非常迷人。

許多西方國家都自詡文化大熔爐，來自世界各國不同文化、不同背景、不同傳統的人來到同一片土地上生活，最後融合成一體。在這些較早迎接移民潮的國家裡，移民經過了好幾代淘洗，新世代已經相當融入本地生活，社會也逐漸發展出一種新的文化，真的就像投入大熔爐裡的鐵塊，燒著燒著全成了同一個模樣。

相較於這些國家，澳洲的白澳政策直到一九八〇年代才解禁，並於短短幾十年內大量開放移民，有計畫地輪流開放不同國家／文化的人進入。早期是歐洲、中東及地中海國家，臺灣也曾在一九八〇年代掀起一股紐澳移民潮，再來是大量的韓國移民，以及近幾年的中國熱。短時間內突然且大量的湧入新移民，可說是澳洲移民文化很不一樣的地方。

另一方面，澳洲人自豪的不是新文化也不是移民文化，而是一個能讓所有文化並存的社會，喜歡說自己是一個 multi-cultural society，言下之意——澳洲社會裡同時存在多種文化，社會與人民非常具有包容力和適應力，懂得尊重和欣賞不同的文化。

正因如此，澳洲人提倡在不改變移民的情況下，幫助移民和澳洲的本土文化接軌。這是多大的一顆心呀！儘管執行起來難免遇到阻力和誤解，但光這份初衷就已證明澳洲人的兼善與溫潤。

當然，面對新移民與移民帶來的原生文化和生活習慣，蜜月期的新鮮感過後勢必迎來適應磨合期，多元文化與澳洲本土文化之間不免產生挑戰、摩擦，甚至衝撞，接踵而來的還有社會問題、族群衝突，以及非常現實的資源分配，而這些，也是現代澳洲的另一個模樣。

對的，澳洲就是這樣一個看似簡單卻一言難盡、好像一直處在B咖位置但某些關鍵處又占有一席之地、一個你想不起來有啥特別但也無法輕易忘記、一個人們不太了解但她卻很願意包容所有人的國家。

比起澳洲國歌，從幼到老的澳洲人更常唱這一首〈I am, you are, we are Australian〉：

我們是一體的，但我們也是很多（獨立的個體）（We are one, but we are many）
我們來自地球上的各片土地（And from all the lands on earth we come）
我們分享同一個夢且同聲歌唱（We'll share a dream and sing with one voice）
我是，你是，我們是，澳洲人（I am, you are, we are Australian）

可惜世界的腳步從來太快，人們的眼光總隨著那些張燈結彩的繁華熱鬧流動，或是忙著前仆後繼地投入新生活。很多人或長或短地造訪過澳洲、在澳洲停留，卻沒能看見表象外的澳洲、真正認識澳洲人、理解澳洲的文化與社會脈絡。

轉眼間，我在澳洲土地上的時間已經和在臺北的天空下一樣多。初來乍到時試著用在臺灣接收到的英美文化解讀澳洲人，從孕育我成長的文化中連根拔起，在陌生的文化裡飄盪著嘗試落腳，惶惶摸索連話都不敢多說，中間也經過什麼都不好我只想回家的掙扎，然後是日日年年在白人占絕對優勢的環境裡衝撞與跌倒，最好的收穫是從含蓄內斂的臺灣小女人蛻變成敢怒敢言的澳客。

一路上，在文化衝擊裡努力調整自己腳步的同時，我不斷回頭思索自身的民族文化和歷史定位，在澳洲生活和職涯中的每一次身分轉換也讓我對這個國度有了全新的體驗及認識。旅途中遇過無從解釋的惡意，但也總有及時雨般的愛和善意，讓我放心理解澳洲、自在體驗生活。

希望藉由這本書，讓大家看見澳洲的模樣，若有朝一日有緣造訪這個地球儀和世界地圖下端的大島，願每一個人都能在踏上這片土地時，毛孔全張地完整吸收澳洲的精華，自信地說出：G'day, mate！

PART I

澳大利亞大不同

重要的生活小事

開宗明義第一篇先聊聊一些重要的澳洲日常，無論是短期旅遊、讀書、打工度假，或打算長期定居，多知道些澳式生活小事對於融入當地生活、少點驚嚇肯定有幫助。

你哪位？

澳洲這個已發展國家既沒有戶籍系統也沒有身分證，不管是大人或小孩，既沒有像臺灣那樣的身分證，也沒有像美國那樣的社會安全號碼，就連健保卡上也沒有照片，除非有駕照和護照，不然沒人知道你哪位。但這兩照又不是人人都有，所以確認澳洲人的身分並不容易。唔，你說你是誰你就是誰囉。

身分證明的話題在澳洲已經吵了十幾二十年，一派說這樣對社會安全和戶口追蹤都不容易，應該建立身分和戶籍制度，另一派則堅認這是侵犯個人隱私、外洩個資的超級大漏洞，總之吵到現在都沒結論。某些州試圖實施身分證制度，但可自由選擇而非強迫性。沒有那兩照但想要一份官方文件以方便證實身分年齡的人可以向政府申請，不喜歡的請便，自由民主就是這樣不然你想怎樣。

由於沒有戶籍，誰偷生了小孩、誰的小孩到了上學年齡，政府都沒有追蹤，當然也不會寄信到家裡來提醒你接種疫苗和註冊入學，醒醒吧，政府連你住在哪裡都不知道呢！缺乏戶政系統除了衍生許多社會福利問題，也讓 COVID-19 的疫情管理遇到極大困難，儘管如此還是沒能衝破澳洲人的心防，目前依然這樣一天天「你哪位」下去。

氣死人的天氣

我經常被問去澳洲玩要帶什麼衣服，也一律回答：「都帶，長短厚薄帽子圍巾都要款。」

這是個一天上演四季輪迴又輪迴的超值國家。上一秒大雨狂炸、吹十級妖風，下一秒風平浪靜萬里無雲，藍天像剛睡醒的小孩一樣清澈無辜，彷彿那些都不是他做的。

網路迷因流傳：「澳洲其實有五個季節，春季、夏季、秋季、冬季，還有一個『逼逼季』（逼逼是髒話）。逼逼季不一定什麼時候來，但會隨時在任何季節裡『逼逼』突然出來嚇你一跳。」

澳洲人的日常已如此無常，看他們穿衣服則往往心生是你們瘋還是我有病的人間懷疑。同樣的天氣有人短袖短褲、低胸短裙，有人穿毛大衣或羽絨外套然後下搭短褲，也有人全身包緊緊還戴毛帽穿UGG。澳洲美眉最妙，再冷的天穿少少沒關係，圍巾不可不帶，風吹到衣服都快抓不住了趕快從包裡拿出一條圍上，不知道是因為圍巾自帶發熱器還是算給冬天一點面子。

對了，我可沒說帶雨傘喔，因為帶了也沒用反正都會被吹爛，路邊垃圾桶很多支喜歡自己撿。

在澳洲看氣象要學會看風速，每小時二十五公里以上就算吹妖風，windy，愈高速妖風愈盛，是 very windy（風很大）、extremely windy（風超級大）。火柴人如我等紅綠燈時得抓住按鈕桿不然會被吹跑，要是拿傘還得了立刻變成保母包萍（Mary Poppins）。

夾腳拖走天下

全世界會把夾腳拖當百搭鞋的應該只有澳洲了，他們不管去哪裡、做什麼，都可以穿夾腳拖，既可奔跑也可灌籃。

正式場合當然有規有矩，但一離開需要規矩的地方，你將看見穿著正式套裝的女強人或妝容精緻的晚禮服美女為了方便走路自在地換上夾腳拖。穿夾腳拖夏天涼快，冬天反正他們也不怕冷，雨天尤其方便，進到室內擦擦就乾又可以繼續穿，髒了就連拖帶腳一起去水龍頭底下沖一沖，走幾步路就乾了。

沙灘不用說，當然是夾腳拖的天下，但澳洲人連爬山都穿夾腳拖我也是驚呆了。從小在臺灣和爸媽叔伯阿姨們踏青健行都被反覆叮嚀要穿長袖長褲和運動鞋，到了澳洲完全不是這麼一回事。澳洲人一身輕裝，少男一律吊嘎或圓領T配短褲，夾腳拖，少女不是運動內衣就是露肚臍短T加短褲，夾腳拖。

有次我坐在溪邊看著年輕的澳洲男男女女涉溪踩水而過，突然間明白了夾腳拖成為澳洲國民鞋的原因。夾腳拖上山下海兩相宜，還很符合澳洲人愛打光腳的習性，兩隻腳突突一踢瞬間脫好鞋，一群人在沙灘、山間小路或柏油路上輕快跳躍，人字帶輕勾指尖，在在描繪著青春的模樣。或是鞋底兩兩相對一夾，反手戳進後背包放水壺的網袋裡，一氣呵成百分百不耽擱足下行程。遇到砂石泥濘路，瀟灑一抽，啪啪往前丟，順勢向前已經穿好鞋繼續前行。若遇溪流湖泊海灘，噗拉下水，拍撻拍撻踩得震天響，完全是青春的旋律，徹底免除在路邊穿鞋脫襪的阿桑阿北行為。

大道至簡，來到澳洲，你一定要有一雙夾腳拖。沒有也沒關係，到處都有得買。

五點半打烊

常常我回臺灣在店裡逛得正起勁時，一看手錶快五點，整個心情就莫名焦躁起來。再一想，啊我在臺灣，世界又突然開朗了，這，絕對是在澳洲得到的「商店太早打烊創傷症候群」。

澳洲人重視休息和家庭時間，下班時間就是一家人都回家休息共享天倫的時刻，除了便利商店、超級市場、速食店、餐廳、酒吧、夜店和加油站，店鋪一律五點或五點半關門。過了這時間，人就是應該在家，不應該工作，也不應該在外面買東西，當然不需要營業。

就連診所和藥局都不是每一間都開到晚上。有次我在急診待到十二點，醫生終於讓我回家，開了抗生素的處方箋叫我自己去買，回家吃一劑後睡覺（澳洲醫院無藥可領，得自己買）。

我苦著一張臉：「現在半夜十二點，要去哪裡買藥？」醫生說：「你上網找找，應該可以找到開晚一點的藥局。」明顯不食人間煙火，我們這區唯一一間外牆漆著大大「Open Late」標語的藥局只開到十點半，難不成我得開幾公里的車去找一間二十四小時藥房買藥？醫生半信半疑地問其他同事，得到相同答案後，這才勉為其難從急診藥櫃裡賞我兩劑抗生素，要我今晚和明早各吃一劑後趕快去買藥。

店家五點半就打烊，下班後想去逛個街都不行，因此當室友對我說：「嘿！今天是逛街夜（shopping night），店開得比較晚，我們去逛街吧！」我眼睛都亮了：「開比較晚？開到幾點？」「喔，大概六點半吧，有的到八點半。」

Excuse me，你再說一次，這樣叫開得晚？很顯然，澳洲人對晚的定義和來自亞洲天龍國夜貓子的我非、常、不一樣。

俗話說沒魚蝦也好，澳洲人相當知足，每星期的逛街夜那天，很多人都會有默契的提早下班去吃吃喝喝買買（不提早下班的話店又關了）。新南威爾斯州的逛街夜是每周四，不要問，我也覺得很奇怪為什麼是周四。逛街夜讓很多人提前放縱，周五上班時可能呈現半醉狀，再加上周五本來就無心工作，還忙著給隔壁同事看昨天新買的戰利品呢，然後就下班了，然後就周末了，萬歲。

喔對，澳洲商店不只和上班族一起下班，就連周日和國定假日都一起放假。

一開始我覺得這太不合理，下班後和放假日才是有人出來消費的時候啊，澳洲人怎麼這麼不會做生意？後來才知道在澳洲人的觀念裡，你要放假，開店的人也要放假；妳想和家人聚餐，廚師也想全家郊遊踏青，再說勞基法規定周日和國定假日工資加倍，打開門做生意既花錢又犧牲生活品質，澳洲人才沒這麼傻！

少數有開的餐廳往往開得心不甘情不願，平常不硬性收小費也不收服務費的澳洲店家，周日和國定假期會收取 Sunday and public holiday surcharge，意思就是我為了你付出高薪請人還犧牲休息時間，所以得多收五％到十五％不等的服務費，澳洲人覺得這理所當然，人家給你方便、犧牲假期為你服務，使用者付費嘛。

（過去十年澳洲幾個大城市的購物文化已出現極大轉變，很多商店和餐廳假日也開且不額外收服務費。）

沒有垃圾桶但一定有衛生紙的廁所

澳洲的廁所沒有垃圾桶，除了相信衛生紙會溶解，主要是因為他們的下水道在興建時就設計得很大管，馬桶刷的刷頭不小心整個被馬桶吞進去都不見得會堵塞。

擦完屁股或擤完鼻涕後，澳洲人會把衛生紙直接丟進馬桶沖掉，這幾年甚至流行能夠溶解的溼紙巾，但澳洲水利局並不建議大家輕易嘗試。儘管廠商敲鑼打鼓保證「可溶」，每年污水處理廠還是挖出幾十噸、幾百噸溼紙巾。澳洲的水管工人很貴，不要輕易拿荷包做實驗比較好。

很多外國人都以為女廁裡那個蓋子很難翻的箱子就是垃圾桶，但那箱子的設計其實很難丟入衛生紙，總會垂一條賭神圍巾，許多公廁因此滿地都是衛生紙，常見箱子上和箱子外統統有衛生紙的慘況。

那個箱子其實用來丟女性衛生用品，最妙的是廁所清潔人員不負責此箱，滿了得打電話請該箱廠商統一更換。

雖然沒有垃圾桶，但澳洲公廁幾乎一定都有衛生紙，而且是捲筒式衛生紙。順帶一提，澳洲人家裡也是用捲筒衛生紙，抽取式的只有盒裝面紙，擦眼淚擦鼻涕可以但不會拿來擦屁股，臺灣人習慣隨身攜帶的小包面紙很難買到。

剛到澳洲時覺得身上沒帶面紙很沒安全感，後來漸漸習慣了走到哪裡都有公廁、公廁裡衛生紙貨源充足，就算鼻涕快流出來了衝進公廁拿幾張也還來得及。季節性過敏鼻炎發作的澳洲美眉光鮮亮麗的包包裡往往很不搭地出現一整捲捲筒衛生紙，隨時拉出來擤鼻涕擦眼淚，小包衛生紙個什麼勁兒？澳洲人就是這麼隨興！

好好說英文不行嗎

澳洲人的隨興當然不光捲筒衛生紙，在語言上更可謂展露無遺，除了有所謂的澳洲口音，澳洲式英語最讓人迷惑的是他們常常好好一個英文單字不說，偏要裝可愛改發音，或是乾脆自行發明新單字。

我剛到澳洲三個月舌頭都還沒轉過來就進了醫院實習，日常英文還可以，專業英文勉強撐著，聽到不懂的單字發揮點偵探精神從上下文和對話背景中找線索也能猜個大概，卻實在是對澳洲人偏要自己發明「澳洲話」這點很難 get。

有次病人問：「能不能請妳幫我看看我的『哩痞』是不是在手提包裡？」我不知道「哩痞」是什麼，但很多時候看到東西本人就能和單字聯想起來，於是努力在包裡翻找。最後不得不放棄。

「我不知道我在找什麼，你能不能告訴我『哩痞』是什麼？長什麼樣子？」

病人愣了一秒，「啊對不起，是 lip balm（護唇膏），我們簡稱 lippy。」

這位病人剛好是個英文老師，手下很多海外桃李，一看我不懂立刻就反應過來我不是澳洲人。聽說我剛到澳洲不久，很同情地說：「澳洲一些亂七八糟的簡稱一定讓妳很困擾。」

老實說當時我不太有感覺，畢竟「哩痞」就是我的澳洲話初體驗，後來待久了，果然有很多 moment 想敲澳洲人的腦袋大喊：「好好說英文不行嗎？」

我們在臺灣雖然上「英文」課，其實比較偏向美語，ICRT主持人大部分是美國人或華裔美國人，電視播的也是好萊塢電影和美國影集，來到澳洲後發現，澳洲人的腔調和口音，和我學的、廣播聽的和電視上看的很不一樣。

澳洲腔調比較難捉摸，畢竟從古至今澳洲一直有來自世界四面八方的人落腳，家庭背景、教育程度、生活地域，甚至在哪裡受教育都可能會對腔調產生影響。以飾演雷神索爾的明星克里斯多福．漢斯沃（Christopher Hemsworth）來說，隨興的澳洲腔裡帶點英國氣口，雖不是典型澳洲腔卻非常迷人，甚可說是用腔調展現了「帶著英國文化但活出自己」的澳式精神。

口音和發音方式高度正相關，雖然這全看澳洲人的心情和習慣，沒個準，但若化繁為簡，a的音他們喜歡發啊或喔，ay（欸以）會發成扁扁的i（愛矣）。

唯一讓我覺得很方便的是可以和不可以（can and can't），美式英語常讓我聽不清楚到底是可以還是不可以，但澳洲人說「可以」時是美式英語的 can，「不可以」時突然就變成英國人，can't 的 a 發成啊，變成抗特，清楚易懂。

還記得我第一次聽到醫生和病人討論出院時說：「喔，你可以回家去死了。」（You can go home to die）整個嚇到跳起來，澳洲人你們……這麼超然？

後來才知道醫生是說「你今天可以回家了」（You can go home today）。學好英文果然很重要，一個音改變一生。

腔調口音不同，對英語非母語的我們來說，聽久了也就慢慢習慣，對英語是母語的人來說卻好像特別痛苦，完全就是某種互相傷害。

澳洲人不喜歡美國腔，說很粗魯，把英文說得吵吵鬧鬧，一開口就像在罵街。澳洲人也嫌英國人怪腔怪調，自以為高級其實沒人聽得懂，卻邊嫌邊學，一邊說還一邊隨著英國腔搖頭晃腦猛做怪表情。

在澳洲的英國人不少，他們其實也受不了澳式英語，覺得澳洲人不好好說英文、亂講一通。辦公室裡經常聽到澳洲同事對英國同事說：「你到底在說哪國語言？說英文喔你！」（Speak English!）英國人不甘示弱：「我在說英文啊，我是英國人ㄟ，你才給我好好說英文！」（I AM speaking English. I am English. You, speak English!）

拼寫方面，澳洲使用英式英語，一些動詞型態和美式英語不同也就算了，美國人拼 er 的偏要拼re，center成了centre；美國人用z的偏用s，organize變成organise；明明拼o就好硬要多加一個u，color於是成為colour，諸如此類，讓美國人覺得澳洲人英文很爛常拼錯字，還意圖混淆發音！

這除了沿襲自英式英語的拼寫習慣，有些是澳洲人自行改良創造的澳洲話。他們喜歡在單字後面加上y或ie裝可愛，除了「哩痞」，甜心不好好說sweet heart偏要說sweetie，你這可愛的小東西叫做cutie，早餐breakfast叫做brekky或brekkie，內褲underpants叫undy，餅乾biscuit叫bicky。

舉一反三，巧克力餅乾當然叫做chocky-bicky，你不知道那個東西（thing）怎麼說的時候直接說那個thingy，相約下午不說afternoon說arvo，alright偏要說alrighty，有時還給你加個o變成alrightyo或righto，連澳洲人都不叫澳洲人Australian而是稱呼自己Oz……。

這還沒完，糖果不叫candy叫lolly，雨傘不叫umbrella叫brolly，三明治sandwich叫sanga，加油站叫servo，麥當勞叫Maccas。甚至連打招呼都不正經，隨便說個G'day, mate（哥帶，賣特），回答時也不I'm fine. Thank you. How are you?頭一頓嘴角一揚：「good, you self?」有時真的讓人直奔崩潰：「澳洲人你到底為什麼不好好說英文，俏皮個什麼?」

澳洲人的腔調和口音被其他英語系國家公認「非常能夠反映澳洲人的多元文化與慵懶性格」，沒有美式的豪放也不似歐式的華麗，真正說明了澳洲人就是澳洲人，不是美國人也不是英國人。

另一方面，不好好說英文的澳洲人對任何口音都很包容，熟人平時開開玩笑純屬娛樂，並不會針對口音區分國家或種族，更不會覺得哪種口音比較高級，反而是聽到不同口音時會好奇對方的背景就攀談起來（對很愛講的澳洲人來說，沒什麼事比聊天更重要）。若真聽不懂，通常覺得是自己的問題，會帶著歉意請對方重複一次並側頭仔細聆聽。

澳洲人完全不介意被笑奇腔怪調，澳洲同事經常安慰我：「沒關係，那個鄉下人的口音很重，我也聽不懂。」甚至大方承認無厘頭的「澳洲話」亂講一通全無規則可循，把外國人搞得一頭霧水。「沒辦法，我們是Oz嘛！」然後笑得花枝亂顫。

澳洲人與網路的距離

大概是老天想請文曲文昌君給我一點靈感，本書還在孕育初期就深刻體驗了澳洲身為已發展國家的網路科技之嚇人與不便。

故事是這樣的，我家網路在二〇二〇美國總統大選開票前夕突然決定來個相應不理，不管我怎麼重開機、重設定、重置，他老大爺就是掛在那裡一動也不動。

家鄉老爹問我讀了他寄給我的一封伊媚兒沒？我說還沒，我家網路掛了，我很痛苦。他在LINE的家人群組裡試圖戳破這藉口：「我們家也沒網路，妳妹妹們有覺得困擾嗎？」你你你你你（指～）不知民間疾苦，更正，不知已發展國家疾苦啊！算我大妹有良心出來打圓場：「我們都有手機吃到飽，澳洲沒有吃到飽，她很可憐。」

這下說到重點，網路吃到飽，這種在臺灣和信用卡不用繳年費一樣的事，在澳洲偏偏不是這麼一回事。澳洲手機吃到飽的方案不多，還經常標榜是商業使用（business plan），什麼意思呢？一個字，貴。手機網路吃到飽，三餐可能就吃不飽了。

而且明明說是吃到飽，其實不是真的吃到飽，廣告底下的小字訴說的才是真相（在澳洲，不管做什麼買賣和簽文件都要記得看小字）。很多吃到飽只給你吃到一個程度，之後繼續吃的要嘛限速要嘛加錢。

例如，一百五十GB額度，超過之後就減速慢行。減多慢呢？就是臉書、IG等社群網站和通訊軟體這類簡單介面的勉強可用，圖稍多或較複雜的網頁就讓你轉到天荒地老懷疑人生。反正就是讓你有得吃但吃得很不蘇胡，這樣你就不會想再吃，最好一時衝動掏錢升級！

一百五十GB乍聽之下很多，目揪扒乎金眼睛給他睜亮（沒錯又要看小字），一百五十GB可不是下載量，是指全流量，也就是上傳和下載、輸出和輸入都算。若真打算靠手機網路取代家用網路，工作、休閒、娛樂、手遊、社交、談情、監看家庭攝影機，以及和媽媽視訊都靠它的話，保證很快進入限速區，只好犧牲不和媽媽視訊了。

為了不要讓媽媽不高興，家庭網路仍然必備。雖然家用網路的扣打同樣吝嗇，寬頻離「寬」尚有一大段距離，有的還分白天一個扣打，晚上一個扣打，用完就降回撥接速度，但相較起來還是比手機划算，而且全家都可用，家庭網咖，其樂融融。

這兩年澳洲電信商為了因應線上遊戲的市場需求，總算推出吃到飽和高網速的打遊戲專用方案，想當然是高貴加昂貴，可見澳洲宅男並不好當，想在家打機當宅男還得先賺夠錢付網路費，大概也算是某種激發勞動力的國家策略。

澳洲大城市直到二〇二〇年才全面換成ＮＢＮ（National Broadband Network），正式從寬頻邁向光纖混有線，隨之而來的就是不穩定、斷線、壞機……ＮＢＮ開通以來，已有成千上萬的人像我現在一樣在家裡踱步、抓頭、扯臉尖叫。不過套句澳洲人很愛說的，這些都是「teething problems」，意思是每件事初期總有些磕磕絆絆，就像孩子長牙期的不舒適。翻成白話，不順、不爽、尖叫、哭喊，都是正常且必然，吞了就是，不要嘰嘰歪歪。

像我老爹那樣，身在網路沒有限速限量的臺灣，確實不容易理解這種用網路用得心驚膽顫的感受。在臺灣用網路就和呼吸一樣自然，話費貴就打語音，反正吃到飽。我妹剛到澳洲前幾個月，手機扣打老爆，被電話公司收了幾次大款後才驚覺到，認真計算哪種網頁或功能用多少扣打是一項多麼重要的生活技能。沒比較沒傷害，很多人大概都不知道光開一個雅虎奇摩首頁就會用掉好幾百ＭＢ，因為這種複雜網頁有動畫、有圖片、有即時影音，會在各種看不到的地方蠶食你的扣打。

在澳洲，語音通話還不是很流行，因為聲音檔扣打燒得可兇，加上視訊還得了？而且上傳和下載都納入計算，你說出去的和接收的語音流量、你上傳的影像和接收對方的影像，統統都在鯨吞扣打，別再不識相問「你怎麼不開鏡頭跟我們視訊」了。

再拿現在很多人都習慣使用的語音辨識輸入來說，方便到讓人不需要深入了解此科技，用就是。其實語音輸入是靠網際網路在大數據中立即比對、辨識，而這在零點幾秒內就完成的事，實際上在網路世界已經跑了一大圈、完成了千千萬萬的小動作，也就是——用掉了一大堆扣打。

我怎麼知道？絕對不是求知欲強，而是因為開車時叫 Siri 幫忙打了幾次電話、用語音輸入了幾封訊息後，赫然收到電信公司發來的警告簡訊「扣打即將超過，超過要收錢了喔」，深深體會先總統蔣公說的生於憂患死於安樂。生在有扣打憂患中的澳洲人果然隨時都要吸收新知、提高警覺，不然繳費時就不安樂了。

二〇〇三年我剛到澳洲時臺灣已經在寬頻，完全沒想到自己竟然瞬間回到網路石器時代，又重溫了一次啾滴滴滴啾啾啾滴滴滴滴打打打打打打打的高科技網路撥接。後來臺灣已經處處五一二時澳洲還在五六好棒棒；臺灣光纖滿天飛，澳洲人還在辯論用網路的人又不多咁毋需要？

澳洲文化向來民風純樸，強調人情交流、休閒活動與家庭生活，當亞洲早已重度使用網路，他們仍對網路科技興趣缺缺。當然，最主要還是因為澳洲地廣人稀，拉線鋪線都耗時費力，人口之不密集，讓所投入的大量經費到頭來可能只觸及非常少數的人。臺灣每方圓百里可能有幾十萬住戶，同樣的範圍在澳洲極可能只幾十戶人家。雖然憲法強調公平與平等，由於成本效益就是無法打平，因此在其他國家很容易普及的基礎建設，在澳洲經常寸步難行。

我好不容易說服了從事多媒體設計的SOHO族表姐C從偉大的美利堅合眾國造訪我們這女王裙下的不毛之地，她卻在風景明媚的湖邊小木屋被敝國完全超前部署的網路品質徹底惹怒。

本著發揚光大「休息時就該專心休息」的澳洲理念，度假小屋為了讓人全心全意享受自然美景，和心愛的旅伴度過有品質的相處時光，Wi-Fi當然沒有，手機收訊能撥出電話務請含淚謝天，3G看得到跑不動。C因為時差加上有幾個緊急案子得交給客戶，最後只好坐在服務中心大廳使用他們的「高速」——服務中心的牌子寫的——網路，天荒地老地苦等檔案傳送完成。

然而，上帝是公平的，給你網路用就會讓服務中心下班，澳洲勞基法和勞工保險嚴謹，就算是服務業也只在上班時段提供服務，下班時間一到，當然是掰掰明天請早。C最後正襟危坐地屈就大門深鎖的服務中心門口第一級臺階（因為再往前一步或姿勢稍微不端莊，Wi-Fi就像變了心的女友一樣回不來），一邊吸著鼻涕咬牙發誓「這什麼爛國家，我再也不要來了」，一邊在暮靄蒼茫的湖邊冷風中徹底體驗澳洲人「放假就要專心放假」的用心良苦。

我家網路後來怎麼了呢？任由它掛了一晚——客服早上九點才上班——枕電話待旦的我於八點五十九分就已備妥撥號的手指，九點整電話摃過去，照著客服電話中的指示再演練了多次重開機、重設定、重置。一個小時後，客服得出結論：「應該是你的數據機壞了。」

那怎麼辦？現在可是疫情半封城，沒網路就無法遠端工作，手機扣打也絕對撐不了每天五個小時的線上教學課，上班模式等同作廢。要是在臺灣，我大可帶著筆電到圖書館、咖啡店或速食餐廳，大不了去坐在捷運站或火車站地上使用政府的免費高速網路。但澳洲既沒有政府提供的免費網路，一般店家的網路頂多也只能收收郵件、滑滑社交網站，想用來連線工作保證彩虹小圈圈轉不停，更別提同時二十人、三十人上線的視訊教學。

「我現在幫你線上申請寄送新數據機，如果被批准，大概三個工作天可以寄到。」

等等，什麼叫做如果被批准？如果不被批准呢？是要多久才能被批准？今天星期三，等待批准加三個工作天，那不等於得過了這個周末我的網路才有重生的可能？萬一不被批准我又該何去何從？

臺灣魂覺得受不了的，對澳洲人來說已經相當有效率。去網路上看看，那些在澳洲抱怨公社分享的「沒網路的第十三天」、「沒網路的第二十一天」、「沒網路的第四十三天」貼文，就會了解，這年代的選擇不是愛情與麵包，而是網路決定一切。澳洲人與憂患安樂的距離，正好和擁有的網速和扣打量成正比。

這兩年隨著年輕人網路使用習慣改變、線上影音平臺風行，加上疫情讓在家工作的人口暴增，澳洲電信商愈來愈跟得上現代化的腳步，吃到飽方案和價錢都有略降的趨勢，網速也有令人點頭的進步，即便和亞洲國家比還是很殘酷，知足的澳洲人卻已相當滿意了。

斑馬線與博愛座

澳洲有兩件事讓我即使移民多年仍舊驚豔不已，每次想起心頭依然溫暖：一個是斑馬線，另一個就是博愛座。

「小心，有車！」來澳洲找我玩的大學同學K一把抓住我的後背包，硬生生把一腳已踏上斑馬線的我拖回路邊。

說時遲那時快，車子在我們眼前、斑馬線之前，穩穩停下，司機送出「你們有要過嗎」的眼波。

這下換我把K往前拖，「他本來就應該要讓我們的啦！」K緊張地挽住我的手小碎步快走，不可置信地問：「怎麼這麼好？沒有紅綠燈車子也會讓行人喔？」

當然，這可是斑馬線，管他瑪莎拉蒂還拉妹都要停下來讓我！

澳洲的斑馬線不在紅綠燈路口，而是在所有沒有紅綠燈但經常有行人穿越的地方。有紅綠燈的路口反而會畫兩條直直的線，像框出停車位那樣框出行人行走區，姑且稱為「沒有斑馬線的斑馬線」。澳洲的行人號誌燈也沒有讀秒，前陣子在雪梨市中心似乎看到一兩個，滄海之一粟，澳洲人甚至不知道那在倒數什麼，竊竊私語地互相討論著。

說到澳洲的行人號誌燈，綠燈亮起人就走，紅燈卻沒這麼阿莎力。號誌燈由綠轉紅時相當不乾脆，它不直接轉紅，而會先變成閃閃閃的紅燈，閃完了才變成實實在在的紅燈，搞得人家很緊張又不知道是在閃什麼？會閃到哪時？

很多人以為閃紅燈的意思是「快紅燈了，要過快過」，遠遠看到閃紅燈就全力助跑加衝刺，殊不知閃紅燈是為了警告那些雙腳已經踏在（類）斑馬線上正在過馬路的人：「要紅燈了，快點到達彼岸或回頭是岸。」要是你根本還在人行道，腳還沒踏上不像斑馬線的斑馬線，閃紅燈傳遞的訊息是：「要紅燈了，來不及了！不准過，請等下個綠燈。」如果自以為閃電麥坤硬衝讓交警見到，可是會開單罰款的，是一條值得留意、挖了個大洞給行人跳的澳洲交通規則。

斑馬線不一樣，行人隨時想過就過。無論交通如何繁忙，所有車輛看到斑馬線上的行人就和太監宮女偶遇皇上得蹲到路邊一樣停下來等你先過。

我還小時，我媽因為穿越馬路被撞斷一條腿，深悔自己不遵守交通規則做了最壞示範，從此非常強調守法的重要，寧可多走幾百公尺過斑馬線也絕不再穿越馬路，間接造就了我很不會過馬路的人生缺陷，在澳洲體會了斑馬線的神奇魔力後宛如獲得救贖，沒紅綠燈沒關係，踏上斑馬線我就是自己的神。

在澳洲開車，遠遠看到路中間有斑馬線就要立刻注意兩邊是否有準備過馬路的行人或可能要過馬路的行人，交通規則也清楚表明「靠近斑馬線時，必定要降到可以隨時停下來的車速」。行人只要優雅地踩上斑馬線，就能不慌不忙、不疾不徐、不卑不亢地抵達對街，讓每一次過斑馬線都成為尊貴的高級享受。

和斑馬線一樣有愛也一樣有魔力的還有博愛座，相較於臺灣輕易沒人敢登基的博愛座，澳洲的博愛座很少沒人坐。

安坐博愛座上的什麼人都有，西裝筆挺的上班族、垮褲飛機帽的青少年、腳蹬三寸高跟鞋的時尚女郎……難道澳洲人這麼自私、沒愛心、隨意霸占博愛座嗎？那倒不是，愛心是需要的時候才拿出來用的，不需要的時候省點力有什麼不對？對澳洲人來說，博愛座是優先讓給需要的人，若是需要的人還沒出現，它就是個座位，需要它的人出現時再讓位就好了啊！因此澳洲的博愛座不叫博愛座，叫做優先座（priority seat 或 priority seating），優先禮讓老弱婦孺，老弱婦孺沒來那就自己坐。

可是，有的人不是一眼就看得出來需要被讓座，這樣豈不公平？

澳洲人的文化和默契可愛之處就在這了，任何人需要座位，都有權也理應說出自己的需求。如果博愛座上坐了「看起來」不需要被博愛的人，當然可以詢問他們能否讓位，當然，必須禮貌地問。尤其甚者，澳洲人更秉持「博愛不是座位而是種精神」，每個座位都可以是博愛座，如果博愛座都坐滿了，他們不羞於說出自己的需求，看看其他座位是否有人可以讓一讓。

看到需要座位卻沒位可坐的人上了車，傳統的澳洲司機通常會開第一槍：「後面的，起來讓個位給這個需要的人坐！」我還遇過那種沒人讓位就不開車，硬是等到有人起身讓位後才出發的司機。有時同車乘客就算自己站著沒位可讓，也會仗義對全車大喊：「這裡有人需要座位，有誰可以讓位？」讓人不禁覺得，這才是真愛！

更可愛的是，澳洲的博愛座精神不限於大眾交通運輸工具，在任何公共空間都可能得到發揮。滿載的電梯門打開，要是出現比自己需要搭乘的人等著進電梯，不那麼需要或可以等下一班的澳洲人就會主動走出來，把空間騰給更需要的人。公車站、月臺、公園、路邊的椅凳，當然也都是貫徹博愛座精神的地方。

我曾經飢疲交加地推著娃娃車在商場美食街四處尋找座位，一家人吃完正準備離開，遠遠見到我立即示意，無奈推著娃娃車在人群中穿梭行動緩慢，還沒達陣已被其他座位獵人捷足先登，只見那家人一把伸手擋住，指了指我說：「這是要留給那位推娃娃車的女士的。」一然後一直護著座位，確定我穩穩坐妥了，娃娃車也安置好了，這才祝我有個愉快的一天並道別。

澳洲人的博愛精神是發自內心感同身受的關懷與體諒，並不認為有特殊需要是種特權，當然也不是羞恥或乞討，更從不吝於照顧別人的需要。很多來澳洲玩的人覺得澳洲很有人情味，整個生活氛圍有種說不出的和諧感，我相信很大部分是因為這種彼此理解且樂於為陌生人付出的風氣使然。孔夫子一定想不到，「老吾老以及人之老、幼吾幼以及人之幼」的仁愛精神，幾千年後的番邦澳洲正踏實地貫徹著。

超級不環保的澳洲人

澳洲人有一件事我實在受不了，而且每次看到、每次有氣，那就是他們浪費又不環保！這得從倒垃圾說起。澳洲每戶家庭的垃圾桶由區公所統一配置，每星期固定一天睡前把垃圾桶拖／搬到家門口路邊放著，隔天垃圾車會來收，晚上下班或喝得爛醉回家時再拉進門即可。

一般每戶會有三至四個垃圾桶，分別是紅色垃圾桶、黃色回收桶，以及專收花草樹葉的綠色垃圾桶。垃圾不用說就是垃圾，回收包括紙類、玻璃罐、鐵鋁罐和有號碼的塑膠瓶，有的地方是所有能回收的東西全丟黃桶，有的地方會多一個藍桶專收紙類。

我一直很好奇這種佛系分類法到了回收中心豈不是要多一次分類程序，紙類也很容易被瓶瓶罐罐的液體弄得溼答答，這要怎麼搞啊？前幾年果然被爆料，咱西南威爾斯州委任的資源回收公司也覺得難搞，所以乾脆不搞。一貨櫃、一貨櫃地載去別州非法傾倒得了，收工！

在臺灣會認真分類回收的塑膠包裝、沒有號碼的塑膠罐、廚餘、電池……澳洲家庭一概不回收。極少數超商或圖書館有回收電池和舊手機的桶子，但對地廣人稀的澳洲來說，除非相當有心，誰會開大老遠的車特地去丟幾顆電池？當然是全進了一般垃圾，最後進入生態環境鏈裡，吃下肚還覺得很香。教室和辦公室連最簡單的廢紙分類都沒有，用過的紙張隨手一揉或列印錯誤的文件唰一下整疊滑進垃圾桶，明明可以回收的飲料罐也是直接丟垃圾桶──「要回收？啊算了啦，多麻煩！」臺灣人從小嚴格執行資源回收和垃圾減量，連鋁箔包都要摺得小小的再丟，澳洲人卻是從小就什麼都往同一個垃圾桶扔，面紙嘩啦啦抽掉半盒只為了擦幾滴濺出來的茶。每次看到垃圾桶裡的可回收物和明明可用抹布擦偏要用一坨面紙的行為，我血壓就高。

不是我在說，二十年前的臺灣都做得比澳洲現在好！那時在醫院，護理師即便每天忙到翻，每班超時幾個鐘頭下班都算正常，還是盡責地做垃圾分類。藥袋或器械包裝只要拿上手，內建程式自然啟動，雙手俐落一分，紙的那面進紙類回收，透明那面進垃圾桶（現在應該可以回收了）；沒用完的輸液一定剪個洞在水槽流乾後進塑膠回收。現在每次看到澳洲醫護同事拆開一袋全新輸液後輕描淡寫「喔」一聲「拿錯了」，一記華麗反手直接整袋丟進垃圾桶，我的心就跟著隨重量下沉的垃圾袋一起咯蹬一聲冷到底。

澳洲人的不環保和浪費大概得歸咎於他們的天然資源優勢。澳洲幅員遼闊，為數本來就不多的人口又集中在某些區域，垃圾掩埋和焚燒一直都不是問題，也就不需要強調利用減量和回收來控制垃圾量的重要性。加上自然和礦產資源豐富，澳洲人的小日子過得很是滋潤，大手大腳習慣了，久而久之就變得有點浪費，畢竟不用擔心資源用完嘛！吃不完就倒掉、用不完就扔，有時候東西還好好的就進了垃圾場，只因為買了用不到或不好用；外帶餐盒不是保麗龍就是塑膠，泡茶時拿根塑膠湯匙在茶裡喇個兩下就丟進垃圾桶是標準程序；夏天冷氣冷到要穿外套，冬天暖氣熱到穿短袖……我們說他們浪費不環保，他們還覺得我們寒酸哩。

澳洲人的浪費和不環保和百業分工也有點關係，當一件事被分成許多細小環節、每一個環節又由特定人員負責時，即使處在同一個生活鏈裡都沒有機會看見其他環節發生的事，也就沒有機會看到自己的行為產生的後果。現今多數澳洲人仍然對保持環境整潔沒有責任感，很難想像一個各項先進產業都在世界占有一席之地的已發展國家，政府到現在還要拍廣告宣導不要亂丟垃圾，不是都說西方教育重視國民素質嗎，書是都讀到背上去了不成？

好吧，那就到澳洲學校看看，這才知道「壞習慣」竟是從小養成。澳洲孩子整理桌面的方法就是把桌上的垃圾直接掃到地上。為什麼不用手接著然後拿去丟？或是拿垃圾桶來直接掃進去？這樣地上不就髒了嗎？「喔，清潔工會清理啊！」孩子回答得一派天真。你完全沒辦法反駁，因為這是事實。

再去學校廁所看看，簡直人間煉獄，捲筒衛生紙鋪出一條條白色星光大道，牆上、玻璃上出現謎樣褐色手印，男生廁所滿地尿漬，直接尿在水槽裡也不稀奇。

臺灣學生有打掃時間，有的老師還幫教室地板打蠟，我到現在都記得大掃除時在教室裡名正言順潑水、玩水、踩著肥皂滑來滑去，掃完教室裡一塵不染、地板亮晶晶的成就感，還有當倒垃圾值日生瞄準大垃圾桶把手上那包垃圾使勁甩高的痛快，但是這些，澳洲孩子都沒經歷過。

澳洲孩子不打掃教室，也不擦窗戶、掃走廊、清理外掃區，連倒垃圾都沒他們的事，更別提掃廁所了，這些全是放學後清潔工的工作。全世界的孩子都愛玩，在廁所裡灑水、亂丟衛生紙這種事誰沒做過，但被分派過掃廁所區後，自然會成為廁所整潔糾察隊，就算不敢約束別人也懂得收斂自己。只負責弄亂的人永遠不會知道清理的辛苦，也就很難體會隨手一個小動作保持環境整潔的重要性。

等等，那澳洲的公共廁所不就超可怕？這就是有趣的地方了，澳洲公廁的清潔度差異很大，找不出定律，有的地方教育程度高、經濟狀況好，廁所整潔可能歸功於使用者習慣好，也可能是因為有錢雇得起清潔人員不停清掃整理；有些地區不是公認的好區但居民很有公德心；有些地方則誠實反映了當地居民的品質。

整體而言，澳洲大部分公廁算乾淨，除了有盡責的清潔人員，很多民眾也會自動自發保持整潔。澳洲人是在哪個點從廁所殺手小屁孩進化成人類的呢？我相信是家庭教育補足了團體生活裡無法照顧到的細節。你永遠可以聽到澳洲媽媽雙手蒙面、撇嘴、翻白眼地抱怨孩子的房間像豬圈。

當然，澳洲媽媽同樣百百種，有的自己下海整理，有的請打掃阿姨，有的讓孩子自己整理，沒整理完不准出門，更有不少「他的房間他的事，不干我的事」。當這些孩子走出家庭進入社會，不只反映在公共廁所的整潔度上，公司的員工廚房也上演起人生百態。

有的人用完公用的壓吐司機後會順手清乾淨，有的人卻不管他的起司、食物、醬料沾得到處都是，拍拍他的三明治就走了；有的人看髒兮兮的乾脆算了不用也罷，有的人則會強迫症發作忍不住動手清理；洗手檯裡可能有堆積如山的髒碗盤等著看誰受不了動手洗，有的公司小廚房配有洗碗機，還是有人連順手放進去都懶，流理檯上就會開始出現人生格言：「你可沒帶你媽來上班，自己的餐具自己洗！」

澳洲直到過去幾年環保意識才逐漸抬頭，大型連鎖超商會擺出各式不同回收桶專收政府不回收的東西，像是塑膠袋、塑膠包裝、沒有編號的罐子、電池、手機等，但每家分店接受的回收物不一樣，而且這次去看到回收桶，下次收集好要拿去回收時又突然沒有了，這對天生隨興的澳洲人來說實在太不方便，乾脆還是直接丟進垃圾桶省心。總之直到現在，澳洲的大都市都還是這樣有一搭沒一搭地做回收，那些連基礎建設和醫療資源都還不普及的鄉下地方和偏遠城鎮更是跟不上環保的腳步，就算有心想回收也沒有回收商去收，開個幾百公里來回只為了收幾個罐子幾張紙，這種賠錢生意沒人肯做。

尤有甚者，我妹去放羊時帶回一個驚人消息——放羊一去就是遊牧好幾個星期、好幾個月，吃喝可以囤貨可以打獵，但怎麼處裡垃圾呢？一個字，燒。

澳洲鄉下什麼不多空地最多，一片曠野上把垃圾堆在一起，管他什麼材質、能不能燒、燒了有沒有毒，一桶汽油，一枝番仔火，燃燒吧垃圾！簡直就是澳洲人資源豐富但不環保的現實縮影，油價貴又怎樣我灑得豪邁大氣，臭氧層破洞又關我何事？

氣歸氣，澳洲有件事倒是真的做得很不錯，那就是下一篇〈你丟我撿澳洲大同〉提到的義賣商店，幾乎每個區都至少有一家類似的。現在也有人利用社群網站發起「永續生活團」（local sustainable groups），這種社團嚴格禁止金錢交易，而以資源循環代替購買為目的，大家把自己用不到的東西拍照上傳，有需要的人就舉手喊聲，慢慢演變成大家買東西前會先到社團貼文：「最近需要新添某某東西，在我衝去商店前，有沒有人家裡剛好有閒置的可以讓我接手？」

慈善義賣店和永續社團都是很聰明的作法，現代人物質生活豐碩，很多年齡性、季節性衣物和用品往往在淘汰時都還很新，除了路邊的舊衣回收箱，真的有很多能做而且能做得更好的。畢竟要一躍晉升為斷捨離達人並不是件容易的事，從讓資源可以永續循環下手也不失為個好起步。

另一方面，不是每樣東西都要最新、最好，永續精神傳遞的知足惜福觀念同樣是很好的家庭教育，很多大社會來不及做的事，都是從市井小民開始先做起。改變儘管不會在一夜之間發生，代代相傳，總會愈來愈好。

你丟我撿澳洲大同

孔夫子萬萬沒想到他當年周遊不到的澳洲發揮了自己的仁愛精神，想必也沒料到他勾勒的「貨物其棄於地也，不必藏於己」大同世界，同樣被澳洲人淋漓盡致地發揚著。

如果到澳洲來玩，有機會記得去住宅區晃晃，你一定會發現好多住家外的人行道上放著家具、家電、書籍、玩具、沙發、床架、彈簧床、印表機、電腦、電暖器、電視，甚至冰箱、微波爐、跑步機……簡直應有盡有。路邊拍賣嗎？怎麼不見老闆呢？

很多人對西方國家的車庫大拍賣（garage sale）不陌生，大抵是屋主因為搬家、大掃除、孩子長大或離家等緣由，想將用不到的物品出清換現金，由於通常都是把東西堆在車庫內外供人參觀選購，所以叫做車庫大拍賣。車庫大拍賣的重點往往不在賺錢，比較是希望有人能把東西帶走省得自己處理，同時也讓物品能夠獲得再次利用的機會。澳洲人偶爾也會搞車庫大拍賣，但更常見的是上述類似奉茶概念的「擺路邊心法」。

有些區公所每年固定會舉辦幾次大掃除日（clean-up day），讓大家把平時垃圾桶裝不下的垃圾放在門前人行道的草皮上，由區公所委派大型垃圾車統一處理。考量到整理需要時間，垃圾車載量也有限，通常大掃除日當周的周日就可以先把垃圾拿出來放在家門口路邊，清潔隊會在當周陸續清走。有些區沒有大掃除日，想清理中大型垃圾要向區公所預約日期，有的區公所一年會提供一到兩次免費預約服務，有的則要收費。

法律是這樣規定的：「除了公告的大掃除日或和區公所預約的垃圾清運，平常不可以把垃圾堆在外面。」亂丟會被貼上「違法傾倒」（illegal dumping）的單子，讓大家都看到嘖嘖誰這麼沒水準，希望做賊心虛者好好閉門反省。當然，道德約束是不夠的，還要加上為數不少的罰款。以新南威爾斯州來說，「為數不少」大約是四千塊到七千五百塊澳幣，亂丟一次大約是臺幣十幾二十萬的價碼，口袋深腦子進水更深的人才會以荷包試法。

愛家的澳洲人三不五時就想重新改造家裡一番，這一改造當然是舊的不去新的不來。通常這些舊的其實也還很新，青菜蘿蔔各有所愛，原本放在路邊等垃圾清運，天生隨興的澳洲人路過看到覺得不錯、東西還新或小小修理一下就能用，當垃圾丟實在可惜，乾脆帶回家！尤其是小孩子的東西，家長愛買親友愛送，偏偏孩子長得快，很多玩具、用品、衣物、童書到了該淘汰時都還新簇簇的。

於是乎，很多澳洲人習慣在垃圾清運周散步尋寶，還有人特地開車四處繞，專撿大型家具或家電，社群網站也找得到互通寶藏地點的專門團體。我家就在路邊搬過書櫃、層架、各種玩具、手工串珠、書籍、CD音響、藍芽音響、吉他、球具……族繁不及備載，就連學校書包都是路邊戰利品。

漸漸地，背包客和留學生也知道消息了，互相交換心得哪一區比較好「逛」。有的區丟垃圾很真心，丟出來的真的都是不能用的垃圾；好逛區丟出來的則普遍是大廠牌而且很新，逛完一圈，從家具到餐具一應俱全，省下一大筆開銷。

澳洲的好區和不那麼好區的差異明顯，加上每個區居住人口的年齡組成、教育程度、經濟能力、文化背景不同，關起門來沒人知道，卻如實反映在丟出來的東西上，光「逛垃圾」就能大略猜出該區概況，彷彿無形中進行了一場社會學田野調查。

雖然都市傳說有另一條法律言明：「凡放在人行道草皮上的都算是區政府的財產，他人不可擅自拿取。」但隨興的澳洲人心照不宣——說這什麼傻話？好東西為什麼要當成垃圾填土掩埋？當然是打包帶走！久而久之，默契培養出來，家裡不需要的東西若還堪用，不用等到垃圾清運日直接就拿到門口放著與眾生結緣。有的人會加紙條註明「FREE」或「TAKE ME HOME」，告訴大家我有用，歡迎帶我走！

不過這種默契也有凸槌的時候。

有的人搬家時先把東西一樣一樣地慢慢放到門前等卡車來一口氣載走，或是正在清理庭院，家門口暫擺一下，又或是要出遊但行李一口氣拿不完，先放門口再回頭拿，這時要是哪個噗攏共正好經過誤以為是「for free」，扛了就走，物主回頭發現東西不見了著實哭笑不得。所以現在偶爾會看到「搬家中，請不要拿走我的東西」的牌子立在路邊，那肯定是來自血淚的教訓啊。

另一個和「帶我走」有異曲同工之妙的是「你捐物資我做公益」義賣商店。

這類由慈善團體開設的商店統稱 Op Shop，常見的包括生命線（Life Line）、救世軍（Salvation Army）、紅十字會（Red Cross）和教會所屬的 St Vincent De Paul，顧名思義就是大家把用不到的東西捐給商店，義賣所得變成公益活動的基金。捐贈物資以二手貨為主，有的人收到用不到或不想要的禮物也會直接拿來捐，商店賣不完或結束營業的庫存則乾脆成箱成箱運來，雖是二手義賣商店，常常也能找到全新商品。義工將捐贈物品整理後上架，用半買半相送的價格售出，符合資格的人可憑類似代幣的東西在店內換取自己需要的物品。

很多在路邊「撿」不到的東西在公益義賣商店裡可能就找得到，尤其是年節前後貨源最充足也最多樣化。年節前大家喜歡大掃除，自然清出很多東西可以捐贈；年節後有人買了新的或收了禮物便淘汰舊的，或是收到不喜歡的禮物直接送來。女孩愛買的包包、衣服、首飾、配件，媽媽太太最愛的家電、碗盤、相框、藝術畫作、裝飾品；先生爸爸們衝動亂買，一買就是一堆的襯衫、西裝、領帶、皮帶、球具、音響、光碟機、遊戲機、遊戲光碟、咖啡機。當然，還有孩子們消耗大卻不持久的玩具、書、衣服、鞋子（尤其是足球鞋這種只穿一季，下一季就太小的東西）和中看不中用的兒童家具……全都是店內熱銷商品。

對了對了，還有那些看來沒用但孩子當成寶的小玩意，隨著年齡成長，寶貝立馬成雞肋，只不過孩子A的雞肋到了店內又成了孩子B眼中亮閃閃的寶物。至於其他小如里里扣扣的文具、小東西、紀念品、鑰匙圈、太陽眼鏡甚至手機殼和貼膜，大到家具、床組、衣櫃，反正只要你敢走進去就不怕沒東西可買。一陣子後用不到了還可以再拿回去捐，成為循環公益。

這些年在路邊、在義賣商店挖寶，似乎讓我和孩子都逐漸更認識自己，在潛移默化中了解什麼樣的東西是真的需要？需要到什麼程度？相同的東西、相同的目的，是否真的需要全新、名牌不可？究竟是為需要而買？還是為喜歡而買？為了喜歡而買無可厚非，但買了是否徒增其他困擾呢？（例如又多了一樣對生活可有可無但要定期除塵的擺飾）

在觀察別人的垃圾和雞肋中，無形地形塑金錢觀和物欲的拿捏，可說是千金不換的意外收穫。孩子看著那些被其他孩子淘汰的玩具，漸漸會主動說：「我很喜歡，但是我不需要，反正我帶／買回去也是擺在那裡。」或「很好玩／看，但是好像真的沒什麼用，難怪它被拿來這裡了。」

如今隨著環保意識抬頭，愈來愈多人提倡用這樣的方式響應永續生活，讓這些原本會被掩埋或燃燒的可用資源再次獲得充分利用。在路邊回收東西、在義賣店挖寶的澳洲人除了有澳洲人隨遇而安的天性，也帶著身外物是靠由內而外的氣質襯托的自信，深知不是全新、最新、當季現貨才是品味，虛榮和物欲便無從侵擾，養成了非常難能可貴且足以成就一輩子的觀念與習慣。而從「貨惡其棄於地也，不必藏於己」開始，當人們的私心變小、愛心變大，我們離所嚮往的大同世界，也就不那麼遠了。

搭公車大不易

離開臺灣那年，臺北的公車網絡已經四通八達，布線廣、車次頻繁不說，車資非常親民，仰賴公車四處趴趴走的臺北市民多得是，連我媽那半個外國人都能今天士林米粉湯明天市場麵線糊的，靠公車就把臺北吃透透。

哪知來到已發展國家的第一大都會雪梨，公車系統竟然不通不達，車資不只不親民簡直坑民，就連車資的計算和付費方式都讓人霧煞煞又手忙腳亂，乾脆敬公車而遠之。

首先吧，想搭公車總得先找到站牌。習慣了臺灣的公車站有站名，站牌上有車號，還有這班車所有停靠站的站名，此生從哪來到哪去心如明鏡，不料人到了澳洲卻如誤闖叢林的小白兔，好不容易找到一個類似公車亭的建物，但是等等，站名在哪裡？

不好意思，隨興如澳洲人，哪裡需要什麼站名？就……杏花村那一站啊（牧童遙指）。有些老舊的公車亭上彷彿有寫站名，如獲至寶擦亮眼睛一看「Fire Station」。是我眼睛業障重嗎？天曉得這是哪裡和哪裡的消防站啊？

有公車亭算是好的，大多數地方連亭子都沒有，就一根鐵桿（新一點的是個塑膠立牌），桿上有個畫著公車圖案的小牌子。別懷疑，此即公車站牌是也。

至於有哪幾班公車會光顧呢？新的公車亭有類似布告欄的東西，舊的公車亭或沒有公車亭的地方，還請回頭端詳那根鐵桿，你將找到幾張Ａ４印出來的紙（可能很破、可能泛黃、可能有溼了又乾的痕跡，但也不要懷疑，就是它），上面會有車號與時間表。就這樣，沒了。

那要怎麼知道自己是從哪一站上車，又在哪一站下車呢？對不起，你不知道，跟著感覺走。你看那條路、那道光，好像是了就下車吧小白兔！

上了車得買車票，這又是門學問。當年的澳洲公車一律上車收費，車資以上車地到目的地的距離計算，不同距離價錢不同。乘客怎麼知道自己下車那站多少錢？不知道，所以上車時要告訴司機你的目的地，司機座位旁有個收銀檯，檯邊有張小抄，司機會根據小抄找出起站到目的地的車資，然後你就可以像在市場買菜一樣跟司機買票，付錢、收錢、找錢、印出車票兼收據。

「天哪，這要搞到什麼時候啊！」你心裡一定這樣想。沒錯，光是所有乘客陸續上車買票就讓人覺得天荒地老，要是某個白目的拿出找不開的大鈔想付幾塊錢車資，司機還得把頭伸出來向其他乘客吼道：「有沒有人可以幫忙換個錢？二十塊，有沒有人有比較小張的可以跟他換？」尖峰時間，內心的白眼簡直翻到地心都不夠。

漸漸地，在某些坐車人潮多的地點和時段出現了一種叫做「僅限預付」的公車（pre-paid only bus），車上恕不收錢只准刷票卡。但除非你是老司機，不然誰知道哪條路線或是什麼時段會遇上這種「不能買票」的公車，好不容易巴巴地盼到了公車，竟然是一輛「僅限預付」，口袋裡只有零錢沒有公車票卡，內心不知嘔出幾十斤血。

沒有悠遊卡、一卡通嗎？現在確實有，但不像臺灣那樣多功能，真的只能用來搭車，而且就算是雪梨，也不過是從五年前才開始施行。

電子票卡問世前，雪梨用的是只能刷十次的預付卡，可是因為車資以距離計，所以預付卡分成三種：一段、兩段和三段以上。如果經常坐公車、去的地點又不同，隨身就得準備三種卡以防萬一。由於實在太麻煩，不常坐公車的話票卡還會過期，所以不是人人皮夾裡都會準備公車票卡，因此公車司機勢必得兼收銀，也才會出現前面那種被「僅限預付」公車殺個措手不及的悲劇。

最尷尬的是臨時改變下車地點。提早下車就算了，票買了、卡刷了沒得回頭，算你吃虧；若要改在較遠的站下車，那得先跟司機說，補票。記住呀，先和司機說是必須的，不然要是遇到突擊查票，被查票警察*發現買票收據或刷卡紀錄不對，那就是逃票了，罰款兩百塊澳幣（臺幣約五千元）起跳。

現今使用的類悠遊卡上下車都必須過卡，機器才能計算里程扣款，要是下車時忘了刷卡就會以最遠里程（最貴票價）計算，經常看到乘客下車走了幾步後想起剛剛忘了刷卡，想追公車卻已來不及，原地捶空氣。

更煩的是，雖然同在新南威爾斯州，但雪梨大都會區和郊區使用的公車系統不同，計費方式和票價也不同，在電子票卡問世前，連車票都不通用。更別說出了州界，各州皆有自己一套，州和州之間的票卡當然也不通用。換言之，平平在這塊土地上，在不同城市、不同州使用大眾運輸工具都得重新研究系統，票卡全部都得重買，搞得和出國一樣煩人。

票價方面，分為成人、小孩、學生、老人與優待票，其中最複雜的是學生票。

大學以上的學生如果是澳洲公民或永久居民，可憑身分證明和學生證申請學生優待票。沒錯，國際學生雖然付的是本地學生近三倍的學費，卻無法享用學生票待遇，當年我還是窮學生時，對這點也是氣歪歪。

如果是義務教育的在學生，十六歲以下可申請學生通勤票，也是最玄的票種，一款通勤票多樣情。雪梨所屬的新南威爾斯州根據學生年級訂立了免費公里數，居住地到學校直線距離若超過該公里數，便可申請免費的學生通勤卡，距離會隨著年級而加長。例如，三到六年級孩子住家到學校直線距離超過一・六公里或步行超過二・三公里可申請，七到十二年級則調高到直線距離超過兩公里或步行超過二・九公里才有資格。這種分法的根據我不是很懂，大概覺得長愈大要能走愈遠？玄哪。

要是距離短於這範圍呢？那就申請年卡，付一定金額，整年都可用。整年？坐個夠本似乎也不錯？那可不行，使用學生通勤卡是有條件的，說好了是通勤，所以只有從住家前往學校，以及從學校回家時才可以用，補習、看電影、逛街、找媽媽⋯⋯都不可以，周末和假期當然也不行，僅限上下學，平時搭車得用一般兒童卡或成人卡。若在非上學時間刷通勤卡，或是沒穿制服、一副看起來就不像去上學或剛放學的樣子，會被公車司機「很嚴肅」的質問甚至不允許上車。若碰上更嚴肅的查票警察，不當使用學生通勤卡的罰款一樣是兩百塊澳幣起跳。

此外，學生通勤卡既是一種福利，意指有福利你就享，但享受福利不是你的權利，若車上沒有座位，學生有義務站起來讓座給付全票的成人。澳洲公車嚴格遵守載客人數，坐滿了

＊澳洲的大眾運輸工具會有警察不定時突擊查票，公車靠站時，警察會突然上車要求所有乘客將車資收據拿出來，一一詢問你是哪裡上車、要在哪裡下車，然後對照車資是否正確。電子票卡內有感應器，會顯示你有沒有刷卡，如果使用的是學生票或優待票則必須出示證件，忘了帶證件等於沒有證件，一律以逃票計。

就不能再載客，因此若碰到車上人多、等著上車的人也多，理論上學生得先站到一邊，讓付正常票價（和老人及特殊優待票）的人先上車。

更猛的是，如果車上客滿，司機甚至可以把學生「請」下車，空出位子給「正常人」上車。大概是學生年輕力壯，在路邊多站一會兒風吹雨淋日晒等下一班（或下很多班）車不打緊吧，再說學生既不忙著養家活口也不趕著接孩子放學，就等唄！我家青少女上下學都得在市中心轉車，經常因為下班人潮太多輪不到她，搞到晚上七、八點都還回不了家。每次預計她應該已經到家一百次了人怎麼還沒出現，問她在哪？「剛剛那臺司機又不給上了繼續等車ing。」

澳洲地大且人口分散，再加上大眾交通運輸不夠普及、網絡不夠完善、費用不夠親民，自家車還是最主流的交通工具，很多家庭都至少有兩輛車，夫妻各一輛。澳洲十六歲就可考駕照，如果大孩子上學、打工需要車子代步，還得給他們也準備一輛。然而，澳洲的車價不如美國便宜，大城市昂貴的停車費也讓人吃不消，有的人則考慮到工時長，自己開車不安全，搭車至少能打個盹小瞇一下，總之仍有不少人依賴大眾運輸工具。

澳洲的大眾運輸向來以火車為主軸，雖名為火車，功能其實介於臺灣的火車和捷運之間。澳洲火車歷史悠久，從一開始連接港口和運輸農礦產，後來連接城市和郊區交通，到現在以環保為出發鼓勵大眾多多使用，代代累積下來，確實累積了一定程度的網絡。雖然澳洲火車的科技和設備差強人意，完全不能和臺灣相提並論，但樂觀如澳洲人先求有再求好，方便就好，設備其次，房價也會因為周邊是否有火車路線而受影響。反觀澳洲的公車系統，一直不那麼受重視也不普遍，直到這幾年才逐漸發展，一直沒能發展得像亞洲大城市那般便捷，也不知道是因為很難用所以乏人問津，還是因為反正也沒什麼人用就懶得升級。

另一方面，即便在澳洲搭公車宛如一場奇幻漂流，但整體說來，「坐公車」這件事本身算是舒服的體驗。除了嚴格限制載客數，尖峰時間無論多繁忙也不會擠沙丁魚，澳洲人上車時井然有序，人多時會自然形成隊伍，即使只有三三兩兩的候車乘客也會互相禮讓，依序上車。老弱婦孺和行動不便者一定優先，司機還會將車身傾斜至最低或翻下輔助坡道，男士則普遍會禮讓女士優先上車。

上車後，大家會和司機打招呼，司機也會親切回禮；下車時不忘喊聲謝謝，司機也會祝你有個美好的一天。澳洲沒有用「站起來」或「走到門口」表示要下車的習慣，按了鈴等公車靠站停妥後再站起來從容下車即可。澳洲人非常注重公共安全，從小就教孩子公車行駛時不可以站起來走動，有的司機甚至會要求提前站起來的乘客坐下。尤其從前的公車司機都是傳統澳洲人時，一定會等所有上車的乘客都坐好或站穩抓牢後才開車。

值得玩味的是，過去這十年來，澳洲公車司機的文化背景組成逐漸多元，駕駛習慣和文化漸漸與傳統澳洲司機有了鮮明差異，這，恐怕又是另一場奇幻旅程的開端了。

除了右駕，你還需要退一步

離開臺灣那年，身邊朋友都還是學生，我們在臺北的天空下一起追公車、趕捷運或騎著小綿羊街頭巷尾蹓躂。幾年後再見面，個個已是職場菁英，碰一下跳上小車駕駛座，在入夜的臺北城裡像條魚一樣游來轉去。我由衷讚嘆：「好厲害喔！你們不覺得在臺北開車很緊張嗎？」老友俐落短髮一甩：「你應該要問其他開車的人吧，我們就是負責造成別人緊張的人哪！」誠實。

一點沒錯，我覺得在臺灣開車對心臟實在太不健康了，隨時都怕有噗攏共或馬路三寶橫空撞來。

剛到澳洲時總覺得澳洲人都很守規矩，也很少按喇叭。澳洲人會用到喇叭通常只有兩種：一是提醒，例如不守交通規則、綠燈太久還不動、後車廂沒關好、車胎爆了或懷疑你邊開邊睡，這種情況通常會用一聲短促喇叭引起對方的注意；另一種是長聲叭到底，通常是有人太白目差點出事，心臟抽筋之下的發洩兼警告。

在澳洲，聽喇叭按法大概就猜得出發生了什麼事，連珠砲猛按型的幾乎沒有，要是有人這樣按喇叭一定會引起路人側目，想看看到底是被按喇叭的沒水準還是按喇叭的沒水準。

如此海晏河清的開車文化，在澳洲開車應該輕鬆愉快吧，我是這麼想的。

記得剛上路時被輕聲叭過幾次，也有對我皺眉頭、攤手的，一開始一頭霧水，後來才知道不是因為我真的做錯什麼，而是沒有把禮讓做好做滿。

澳洲的紅綠燈不多，除了主要道路外可說幾乎沒有，取而代之的是斑馬線、停止線、禮讓線和數不盡也轉不完的圓環。

斑馬線上，行人是當然的神，管他在斑馬線上翻跟斗跳街舞，車子都得讓；停止線表示除了你以外其他方向的車全部優先，正確操作是車子必須完全靜止停下，確定都沒有來車後才能再次起步，駕訓教練會叮嚀至少要默數三秒不然考官會說你停不夠久、觀察不夠仔細，結果就是當掉重考；禮讓線則是當兩方同時抵達路口時，有線的一方要讓另一方的人車先行，標準動作是遠遠看到禮讓線就必須減到可以隨時停下來的速度，才能確保行人或車輛突然冒出來時能即時煞住。

最容易讓人手忙腳亂的非圓環莫屬，偏偏澳洲超多，大部分路口都用圓環代替紅綠燈。圓環可大可小，小的可能只有分隔島寬且是平的，以方便迴轉半徑不夠小的公車直接壓過去，大的可以大到你感覺不出它是個圓反正跟著轉就是了。

交通規則說，接近圓環時要減慢車速，禮讓所有已經在圓環裡的車輛，因此得睜大眼睛注意看他們到底是轉半圈、轉四分之三圈還是轉一整圈，一定要確定大家都轉完了才能駛入圓環。喔對了，進圓環前別忘了適時禮讓準備過馬路的行人。

每次碰到圓環，光注意誰轉誰不轉、什麼時候起步、什麼時候該停，就足夠讓人手忙腳亂後頸手心都出汗，這時要是小孩在後座吵架、丟爆米花、喊媽媽你看你看，保證一秒引爆媽媽火山。

另一方面，澳洲雖然沒有螞蟻雄兵般的摩托車但腳踏車滿地奔跑，而不管是摩托車或腳踏車，在澳洲都享有和汽車一樣的路權，別想把他們擠到水溝蓋或人行道上。汽車經過腳踏車時如果要超車必須放慢車速，路況允許的話還必須和騎士保持至少一到一點五公尺的安全距離（視道路速限），窄路上坡時都不知道是騎在前面的腳踏車騎士抗壓性高，還是跟在後面一整排的汽車駕駛心理素質好。

其他在澳洲開車的禮貌還有像是直行車雖有優先權，但百忙中總會有人自動停下也擋住後面一大串車，讓轉不了彎的車或過不了馬路的行人先走、在兩邊都繁忙的叉路口澳洲人會你一臺我一臺互相輪流、紅燈轉綠燈時不急著起步而是先確定沒有行人或車輛還在做最後衝刺、遇到車道合併時會減速讓換車道的車優先進來、隨時保持很安全的安全車距、窄路會自動減速查看有沒有對向來車，再互相觀察誰那邊比較有地方可以閃然後心有靈犀的決定誰先走誰停下、交通規則說不要打手勢說謝謝但大家還是習慣舉手致意等。

無論是交通規則明文規定還是多年累積的駕駛文化，澳洲人對這些禮讓和等待都習以為常，當前車突然減慢或停止時心裡大概知道原因也就不急著按喇叭。這樣的默契建立在人人都遵守遊戲規則的基礎上，以至於碰到有人不在狀況內時就容易引起其他駕駛或行人的不悅，像我這種大心眼的一開始就是太過專注在自己的小世界，以為只要沒犯規就好，忘了注意其他用路人的需求，忽略了即時禮讓，因此收到警告型喇叭聲，或是被賞一個「請更有禮貌」的臉。

澳洲的開車文化中有個很有趣的現象也值得一提，即使這麼多年了，我每次遇到都忍不住邊開車邊笑出聲來。

澳洲交通限速規則裡有一條叫做校區（School Zone），有點像臺灣的學校附近禁鳴喇叭，新南威爾斯州的校區限速四十公里（聽說有的州限速二十），但不是三百六十五天二十四小時限速，只有上學日的上下學時間才限速，周末和國定例假日不用，學校假期也不用。

最妙之處莫過於此。澳洲學校放假是每十到十一個星期放兩周，對家裡沒有學齡小孩的人來說簡直是一整年亂放一通，每間學校放假日子又不盡相同，公立和私立學校可能相差一到兩周。只有上學和放學時間限速同樣很逗，因為澳洲每間學校的上下學時間不太一樣，導致有的校區是早上八點到九點和下午兩點到三點限速，有的可能是早上八點到九點半和下午三點到四點半限速。

這表示什麼呢？經過校區時一定要快眼看清楚牌子上寫的限速時間，然後立刻瞄車上的時鐘（千萬不能碰手機，不然四百五十塊澳幣將飛入國庫），瞬間決定是否要踩煞車。除非腦袋不好使，沒人敢耍帥不減速，校區超速罰款從六百塊澳幣起跳，最高可達兩千六百塊澳幣（大約臺幣一萬到五萬），看你有多好膽油門踩多用力，警察伯伯或測速相機開單就有多「快」。好緊張，是吧？

可是，除非家裡有孩子，不然誰知道今天是學校日還是放假日、路邊這間學校幾點上學？現在有些比較高級的校區警示牌會亮燈，霓虹燈閃閃爍爍時，駕駛就知道現在是校區限速時間，需要減速（吁……），但多數地方還是得靠自己擦亮眼，不要傻傻以為所有校區都同一時間，差半小時就差了半個錢包。

這麼緊張為什麼我想笑呢？

因為每次在上下課時段開車，無論原本怎麼狂飆猛飆，一進入校區，突然間所有車子都會急踩煞車以龜速前進。每每讓我想到小時候玩電動，吃到一個什麼壞東西，整個遊戲變成慢動作的場景。有時一路上經過三、四個校區，整條車隊一下全體加速，一下又全體減速，實在太好笑了。

若你在澳洲開車時發現怎麼兩旁好勇鬥狠的車突然變成小孬孬，抬頭看看，多半就是進了校區。對於拿國際駕照來澳洲租車旅遊，或是臺灣駕照直接換澳洲駕照的人來說，不用重新考駕照雖然很爽，交通規則最好還是讀一下，不然罰款可能比全程坐 Uber 還貴。

總之，在澳洲開車並沒有我以為的愜意，不只要注意路況，還要注意何時該停、何時該讓。有時覺得一翻兩瞪眼的紅綠燈省事許多，至少不用忙著左看右看上看下看並同步承受法規與良心的雙重譴責。但後來慢慢發現，這樣的交通規則和用路文化讓澳洲人間接養成了「看別人」的習慣，不像紅綠燈只要看好燈、顧好自己就好，賦予權力的同時好像也剝奪了一點為他人著想的空間。

法國哲學家帕斯卡說「一個人的德性多好不是因為他特別做了什麼事，而是來自每件平凡的小事」＊，遵守交通規則再簡單不過，澳洲交通規則卻設計得讓人不知不覺養成「看別人→思考→調整自己行為」的習慣，內化後反而成為一種修養，或許也是造就澳洲人相互理解、體諒、容忍、謙讓，這些美好特質的隱形翅膀吧。

＊ The power of a man's virtue should not be measured by his special efforts, but by his ordinary doing.

PART Ⅱ

澳洲模式，開啟！

拜託不要貼著我

第一次察覺怪怪的，是在超市結帳時。

好幾次了，排在前面的人會回頭看我一眼，回頭時面無表情，沒說什麼又轉回去繼續排。儘管我很小心，確定沒有東西碰到對方，這種完全沒有虛榮感的回頭率還是很高。

直到某天朋友把我往後拉了一把，「妳排隊不要靠前面的人那麼近。」我左右張望才發現，真的ㄟ，澳洲人排隊的間隔寬廣到可以做國民健康操都不會揮到別人，原來這才是「正確」的澳洲排隊方法，之前那些回眸一眼訴說的是——拜託不要貼著我。

很快我又發現，領悟排隊間距只是入門，更大的考驗是要不要排隊、什麼時候該排隊、怎麼排隊？

身為從小熟讀青年守則的臺灣囡仔，排隊是基本公民與道德的展現，我當然會排隊，也當然知道怎麼排隊，但……澳洲人你們的隊伍呢？這樣一盤散沙站在那裡滑手機、聊天、咬指甲是什麼意思？到底誰在排隊？誰在等取餐？

櫃檯人員大喊「下一位」時，沒有人一個箭步上前，反而各自看看身邊哪個人是剛剛自己來時已經在場的，然後指指別人表示「他先來的」，若不是很確定就用眼神或手勢互相禮讓兼示意「我ＯＫ，你先上」，尤其愛來一句「After you」。

如果那天場子裡剛好有個不熟悉這種默契排隊法的外國人，或水星逆行來了個不顧人群一個箭步直衝上前的，你以為他沒在看的店員往往突然精明起來，指著咬指甲先生說：「這位先生先來的。先生，你要先嗎？」這種仰賴驚人記憶力與默契的排隊法讓澳洲人個個都是城市觀察員，天天過著訓練記憶的日常，對預防失智想必有卓越貢獻。

澳洲式排隊法隨處可見，舉凡在櫃檯前點餐、餐廳候位、向魚販肉販菜販買東西，澳洲人向來把排隊放在心裡尊重，就連等公車也能隱形排隊。除了市區大站在尖峰時間時因為車次繁忙且人潮洶湧，大家會看準公車停靠位子形成隊伍是個例外，平常他們習慣或站或坐或假裝路人，等公車靠了站再默默飄出來，先禮讓老弱婦孺、帶小孩、推嬰兒車、行動不便或有大型行李的人上車，然後才依照剛剛互相「觀察」的到站順序魚貫上車。

我經常搭車的那站更詭異，大家都只在心裡排隊也罷，平日上班時間等車的人多，所有人會自動靠牆站成一條線，但天曉得誰在等哪一班公車？當某路公車進站，要搭車的人會奇妙地向前一步出列再往中央伍對齊依序上車。最大缺點是你不知道誰在等哪一輛公車，有時以為前面的人會招手，結果人家全都不是在等這一班，就這樣看公車在眼前呼嘯而過完全不知該罵誰。

近年隨著澳洲人口組成漸趨多元，澳式排隊法逐漸受到不小的挑戰。澳洲人開始發現，有人一來就大咧咧直衝櫃檯最前面，不顧後面「排隊」的人群也不管櫃檯人員是不是正在服務其他客人，劈頭開口直接點單。不然就是緊貼前人後腦勺，甚至不停向前蹭、催你往前站，或是乾脆直接排在排隊間距中，嚇壞眾人。有的人也不知是手沒力、怕人家不知道你排在後面，還是怕前面的人不趕快滾？喜歡直接擠到前一個人身邊，啪一下就把自己的東西攤在櫃檯上，還一邊用動作或語言示意「快點、快點」，這些種種，對澳洲人來說可是會嚇掉下巴的震撼教育。

澳洲人的默契排隊法其實來自他們「退一步」的教養和習慣。澳洲人習慣「退一步、看看別人」，會在門開時「退一步」，讓推門進來的人先行；伸手開門的人也會「退一步」並扶住門，讓後面的人都走完，甚至連對向的人都通過後自己才進門，經過的人不忘點頭微笑說聲謝謝。若仔細觀察更會發現，澳洲人在上下大眾運輸和進出電梯時，同樣會「退一步」，優先禮讓要下車、要出電梯或行動不便的人。

延伸到排隊，那就是「退一步」觀察身邊的人，理解身邊人的存在與處境，盡量提供對方所需的方便。我帶提著褲子用力憋尿的孩子置身於大排長龍的廁所隊伍時，總有人讓我們快速通關解放孩子，看著自己滿推車物品的澳洲人常會讓身後只買一兩樣東西的人先結帳。

很多新移民並不是存心表現得沒禮貌，只是他們的文化裡可能沒有這種「看別人」的習慣，因此做出讓澳洲人覺得橫衝直撞沒禮貌的行為，甚至覺得他們只顧自己很自私。

「退一步」從來不只是一個動作，更珍貴的是背後所蘊含的尊重、看見且理解別人的需求，以及為對方著想的那份心意。隨時有人把你放在心上是一件很溫暖的事，更何況只是擦身而過的陌生人。

澳洲人這種退一步的習慣最美之處，就在於雖然只是一個很小的念頭和動作，卻讓生活中經常聽得到「請」和「謝謝」、心中隨時感受得到溫暖，以及人人臉上總掛著笑，後座力極強。久而久之，總是這樣被對待著的人，自然也會這樣對待他人。

予人玫瑰，手有餘香。時刻都帶著這麼美且溫柔的心情，社會也就在這種無聲的互相關心中變得祥和安謐，即使歲月不見得總是靜好，永遠有透過小事成就彼此一心寧靜的能力。

不乖可以，沒禮貌不行

澳洲人向來給人和藹可親的感覺，而成就此一和藹可親的很大部分來自於日常生活中的各種禮貌。那些不起眼的隻字片語和小動作自然散發的幽微溫暖，就是擁有能讓人心情愉快、臉上浮現微笑的魔力。即使對只有一面之緣的陌生人，澳洲人也總記得把「請、謝謝、對不起」掛在嘴邊，末了多加一句「真的很感激」（Really appreciate that），分別時更不忘祝福對方一切都好「Have a good one!」，可能還順便拍拍你的臂膀。哪怕只是前後不到三秒的快遞送件，這禮節也不會少。

對於習慣臺式默契「盡在不言中」或「啊就這樣啊」的我來說，剛開始常覺得矮油喂～澳洲人也太搞禮數了吧，親切到嚇人嘛！

由於兩個孩子都是不滿兩歲就送幼兒園，為了母語學習，去幼兒園前他們只會說中文。孩子開始用英文生活後，我這才發現，語言的建構和使用方式原來深受文化影響，間接也形塑了一個人的思考與態度。

從牙牙學語開始，我的孩子回答「好、不好」或「要、不要」，澳洲孩子學的是「Yes, please.」和「No, thank you.」；話沒聽懂，我的孩子說「你說什麼」，澳洲孩子說「Sorry? Pardon?」；有事找媽媽必須打斷媽媽的話頭或正在做的事，我的孩子說「媽咪，我……」，澳洲孩子說「Excuse me, mommy, ...」。

若拿使用中文的習慣用英文照樣造句，意思是對了，但就是不像澳洲人。最簡單的例子是，若沒聽清楚對方說的話，我們會很自然地說「什麼」或「你說什麼」，換成英文是「What?」或「What did you say?」但這可能會讓澳洲人愣住，甚至皺下眉頭，因為這樣的說法在英文裡聽起來帶著質問或不耐，會讓人感覺不太舒服，誤會因此產生。

從小學習的禮貌會隨著社會化繼續延展，點菜或買東西時我們說「我要……」，澳洲人說「能不能請你給我……」（Can I please have...）。在路上不小心撞到人，澳洲人脫口「對不起」的同時會下意識地伸手相扶，確認對方「你還好嗎？」才放心離去。進出大門，澳洲人會隨手把門擋住直到後來的人跟上或接力扶住門，不會發生前一個人進去後，整扇門砰地關在下一個人臉前的尷尬場景。

沒錯，這些都不見得有必要，沒做到也不見得就是故意不禮貌，但整個澳洲社會的和諧風氣與互相體諒就是從這些小地方一點一滴凝結起來，也是為什麼很多人說在澳洲生活覺得很放鬆、很舒服。

禮貌對澳洲人來說幾乎是內建程式，這樣的習慣當然是打小培養。澳洲大人很少對孩子說「你不乖」、「不要這樣」、「不可以那樣」，但絕對會嚴肅地告誡孩子「那樣很沒禮貌」（That's rude）。簡短鏗鏘，卻是擲地有聲的責備。

澳洲人認為，孩子還在學習控制情緒、表達方式與社交技巧，失控可以諒解，但再怎麼失控都不可以失去基本的尊重和禮貌。他們很可以忍受孩子在地上打滾哭鬧，但不允許孩子動手打人或口出髒字，他們接受孩子的無「理」，但絕對不可以無「禮」。

澳洲人不主張孩子還小不懂長大再教，正是不懂才要教，長大就教不動了。從小教起容易養成習慣，習慣了就會成自然，最後變成不需經過思考的反射行為。人都會犯錯，錯了有改過的機會，但禮貌是發自內心進而產生的外在行為，反映的是對人、事、物的尊重，以及看待是非對錯的態度，幾乎可以代表這個人的本心和人格。對澳洲人來說，一個人可以失誤，但不可以失格。

澳洲的政府官員出包凸槌時人民不會叫他下臺，但若是口出惡言或做出失禮舉動，一定被輿論群起攻擊，最後引咎辭職。平時很隨興的澳洲人，偏偏就是對沒禮貌這件事容忍度極低。遇見沒禮貌的行為，路人甲乙丙丁都會忍不住碎念，甚至挺身而出仗義執言。

尤其是對孩子，敦促禮節養成，人人有責。當孩子要求某件事卻忘了說「請」，澳洲大人最愛說「魔法關鍵詞是什麼？」（What's the magic word?）馬上會意的孩子也趕緊補上「Please~~!」剛開始孩子不懂，幾乎家家都鬧過相關笑話。好比三姑第一次提醒孩子魔法關鍵詞時，得到「abracadabra」的回答（英文常見咒語，有點像「天靈靈、地靈靈、變！」），六婆家的孩子則回「Now...?」，吾兒也曾說「快一點！」

★ ★ ★

有趣的是，聊天這事對澳洲人來說同樣屬於禮貌而且是重要環節，很愛講話也成了我對澳洲人的第一印象。

陌生人同處一個空間總得禮貌性攀談幾句，無法忍受冷場的他們任何一點空白都想用聊天填滿，舉凡密閉的電梯空間、超市排隊結帳、公園遛狗遛小孩……不需要尷尬又不失禮貌的微笑，直接尬聊！聊下去自然不尷尬，徹底把媽媽說不要跟陌生人講話的叮嚀拋到大西洋裡。很好起鬨的澳洲人經常只是隨便閒聊就聊得欲罷不能，彷彿是認識多年的老友，其實不過碰巧一起等電梯。

愛講就得找話題，古有明訓，不知道聊什麼時聊天氣準沒錯。「今天天氣真好／真糟」（What a beautiful/miserable day）永遠是最好也最陽春的開場白，太冷太熱太多雨更是有話講。

不過老聊天氣也不行，澳洲人於是很懂得欣賞且不吝嗇稱讚。「你好適合這個顏色的衣服」、「我喜歡你的髮型」、「天啊！你這包也太美了吧！哪裡買的？」不但順利開啟話題，還能讓對方笑出一朵花且報以同等稱讚，強化彼此自信心的同時順便成就愉悅的一天。澳洲連續幾年躍上最適合居住國家的榜單，我相信為了找話題而養成的這種不遺寸長讚美文化肯定有推波助瀾之功。

總之，他們可以從限水有多煩聊到浴室發霉哪個牌子的除黴劑最有效，話題永遠用不完。

猶記當年初來乍到，英文程度過活可以，但萬萬不到隨心所欲開啟聊天模式的地步，碰上超愛閒話家常並視其為「有禮貌」的澳洲人，腦筋每次都噹一下應用程式意外結束，久久難吐出一句話。搞得對方以為我不會說英文，深怕冒犯，趕緊連聲道歉。

信手捻來誰都想聊的風氣一度讓我提心弔膽到有人群恐慌症，深怕自己英文不夠好，要是聽不懂或聊不起來豈不大壞國民外交又丟臉，只好督促自己快馬加鞭努力練習，楚人學齊語，求生欲果然是最好的學習動力。當年沒有手機可滑能裝忙，只好每次一有人靠近就趕快假裝在包包裡找東西，暗自祈禱眼神不要和對方對上，這樣他們就沒有插話機會了。現在想來，真難為了那些看著我一直在找東西的路人，他們肯定欲言又止，內心小腳步前進後退踏不停，心想這人包包那麼小找什麼這樣久，到底哪時候可以開場白？

為此深感困擾的我特地研讀了不少「聊天主題會話」、「第一次用英文聊天就上手」的英文教學書，也為了跟上澳洲人的生活話題逼自己每天看報紙、看新聞，喔，最重要的是看氣象和增加描述天氣的詞彙，因為他們超愛評論天氣，不知道從何開場，聊天氣準沒錯。

很多人問我有沒有推薦的語言學校，我總說，就憑澳洲人這麼愛講話還念什麼語言學校？與其在語言學校和英語不是母語的同學坑坑疤疤做對話練習，還不如去公園、車站或路邊閒聊，光聊天氣就會學到很多新單字，整個城市都是你的語言學校。

總之，幾年下來訓練有成，我總算搖身成為可以在電梯口聊到哈哈大笑的「澳洲人」，殊不知有小孩後卻出現了點副作用。

孩子小時候經常在我和路人聊完天、互道祝福離開後發問：「那是誰？」

「不認識。一起等外賣的人。」

「那你為什麼跟他說話？妳不是說不可以跟陌生人說話嗎？」

呃，這個，因為……因為……我們要有禮貌。

★ ★ ★

我和孩子出門常搭公車，意外觀察到一個有意思的現象：上車無論刷票或買票，大家經過司機時都會說謝謝，就算從遙遠的後門下車也會大聲道謝或以手勢示意，沒和司機打招呼甚至把司機當成隱形人的通常只有年輕人和「外國人」。

年輕人嚴格說起來不算人，只是一坨荷爾蒙，此生物眼中看不到別人，當然也不用期望他們多有禮貌，但此生物破繭而出時將蛻變成什麼樣的「人」，端看他變種前的教育是也。

至於為什麼很多「外國人」不向司機說聲謝呢？我猜有可能是某些文化本來就比較含蓄，既是公共場合，對象又是陌生人，所以不好意思隨便開口，頂多擠出一抹若有似無的微笑後就趕快逃走。另一個比較殘酷的原因是有些文化覺得司機就是沒讀什麼書、不「高級」的行業，我付錢他開車，沒有必要說謝謝。

有人會問，外國人相比之下總是少數，尤其如果是移民後代，難道他們沒有受到本地文化的熏陶而改變嗎？文化當然可以熏陶，但價值觀和習慣卻很難扭轉。即使是從小在西方文化裡長大受教育的孩子，一舉一動也難免受到原生家庭的影響。生活教育的根基在家庭，不向司機道謝的父母，怎能冀望他們會灌輸尊重與感謝的觀念給孩子呢？

生活教育的不同，往往反射在人際應對與社會氛圍中。當父母要求孩子成績漂亮、儀表體面、學歷要高、成就要好，卻愈來愈忽略潛移默化的生活教育，認為學歷、身分、地位或銀行存款才是「人」的定義，「禮貌」就漸漸變得只存在於書本裡，人與人之間的尊重也愈來愈薄。

傳統澳洲人在乎「態度」遠勝於「成就」，恰如其分地保存了「待人如己」的精神，也將之貫徹在對下一代的教育裡。「用你希望被對待的方式對待別人」是家長和老師對孩子們的耳提面命，當孩子說出無禮的話或做出不尊重別人的行為時，他們不直接斥責孩子，而是要求孩子反省「你想要別人這樣對你嗎」，從體會別人的心情學習「己所不欲，勿施於人」。

澳洲人相信，互相尊重、對每件事都抱持感恩感謝的心情，才能體會生活的快樂。發自內心的禮貌在潛移默化中促進了人與人之間的和諧融洽與謙讓容忍。也正是這樣的信念，讓澳洲人會對迎面走來的人點頭微笑、會為你開門、會側身讓到一邊比出「你先請」的手勢、會帶著燦爛的笑容對你說：「Have a nice day!」

全民說話運動

正如前文所提，澳洲人的愛講是我對他們的第一印象，事實上他們不僅愛講，也很能講。澳洲人最愛一群人坐下來腦力激盪，每個人都可以說出一套大道理。從小就被教導少說多做的我一開始很不習慣，總覺得他們實在 talk too much，你們在這裡閒扯淡的時間我早就出去把事情做完了！日子久了卻漸漸發現，先投資點時間討論有時還是滿划算的，畢竟腦袋多點子就多，加上人人都很會講，攪亂一池春水後自然容易激出水花，經過互相過濾、淘汰、調整、辯證後產出的解決方案，通常比起一個人埋頭做省走了很多冤枉路。

當然，這種愛講和能講不是天生就存在於基因序列裡，而和澳洲人從小到大的生活和教育有關。

澳洲小朋友從會講話起就開始訓練「演說」。話都還說不輪轉的小小孩很難言之有物沒關係，看準了人性天生愛分享自己喜歡、重視的東西，幼兒園每星期都來個「Show and

Tell」，讓每位小朋友輪流帶東西來現，向大家分享該物來源、特別之處、為什麼喜歡……布拉布拉布拉。愛講什麼就講什麼，講多講少都沒關係。

有的孩子是天生的講者，說起話來滔滔不絕，從小就展現出雖千萬人吾講矣的天分；有的孩子還不太知道要說些什麼，也難免害羞或腦筋一片空白，但完全沒關係的，活動主要目的只是讓孩子體驗站在人群前說話的感覺，在短短幾分鐘裡享受「大家都要閉嘴聽我說」的聚光燈。

介紹的既是自己的得意物品，又接收底下那些涉世未深看什麼都好棒棒的小蘿蔔頭投來的羨慕眼光，再加上老師在旁敲鑼打鼓的稱讚，藉由鋪好鋪滿的虛榮心和成就感克服害羞和恐懼，順利踏出公開演講的第一步。

孩子只有三、四歲還不太搞得清楚狀況時，Show and Tell 的主題難免讓爸媽有江郎才盡之感，但當「站上臺分享／說話很愉快」的感覺開始萌芽，無形中就成為孩子努力的方向與目標。孩子漸漸地會主動尋找適合分享的物品，然後興高采烈地計畫起演講（炫耀）內容。用這種方式在小小的心靈裡種下公開講話的癮和自信，高啊！

有次我上課時提到臨床上的好用小物，當場情不自禁地介紹並示範起來，學生們不約而同噗嗤笑出聲：「所以我們現在要開始 Show and Tell 嗎？」二十來歲的學生們竟然還記得五、六歲前發生的事，足見 Show and Tell 在他們記憶中畫下的那深深一筆。

再長大點，Show and Tell 變成 News Day，主題包羅萬象，以透過分享知識為出發點，讓孩子開始練習不只吸收資訊，還能梳理腦子裡的知識，並把它們有條理且大方自信地呈現在眾人面前。

當然，只有小孩一個勁兒練習不夠，不把大人拖下水以身作則怎麼行？澳洲學校最愛舉辦「職業介紹」活動，請家長到班上來介紹自己的工作，美其名是讓孩子一窺各行各業的門徑，開拓視野，有助於提早思考和規畫未來志願，實際上堪稱家長的同儕壓力與情緒勒索。當同學的爸媽穿著筆挺西裝、高雅套裝、專業制服或大露手藝，誰拒絕得了家裡那雙望著你發亮的大眼睛，只好硬著頭皮簽下上場表演的投名狀。這時也會發現，澳洲家長個個像是幼幼臺裡走出來的哥哥姊姊，能說能演又能帶動氣氛，讓沒受過專業 Show and Tell 訓練的我只能扼腕。

等孩子再大些，愛講話練習將正式進化為公開演講。這年紀的孩子已能獨立駕馭較大較廣的主題，訓練也開始要求內容深度和架構扎實。除了透過不同種類的演講，敘述式演講、說故事型演講、示範型演講、號召性演講……讓他們在寫講稿的同時順便打磨寫作能力，想要講得好就得言之有物，充實知識因此也成了演講訓練的一環，於是乎，準備講稿的過程中也無聲完成了一項主題研究的自發性學習。

再來，既是演講，就是要既能「講」又能「演」。各種肢體語言、臉部表情、聲音起伏，連演說節奏都仔細講究。加上善用講稿中的文法、用字遣詞，揣摩何時該用動詞、哪時該用形容詞、選用何種連接詞，種種字句斟酌，務求最後總匯串連起來在提供知識性內容的同時又達到戲劇性張力。可以說，語言學習的所有細節就這樣在準備演講的過程裡一一打勾，從頭到尾不用背任何一條演講要點或寫作守則，學習和應用就已默默完成且融會貫通了。

眾多演講主題中，最受重視的莫過於說服型演說（persuasive speech），澳洲教育認為，說服型演說和寫作是孩子未來一生最常用到也最需要的能力。從跟玩伴吵架、說服父母買玩具，長大後的業務簡報、陳情、投訴、候選人發表政見、國會議員辯論到總理發表演說，比的不是吵架、嗓門和灑狗血，而是用精準的字句與嚴謹的組織和布局，慷慨激昂之餘收動之以情、說之以理、服之以威之效。

一場合格的說服型演說需要扎實的架構，從開場白、介紹主題、具體描述論點、結論，到最後「大家一起來！」（call for action!）成功點燃群眾激情，讓場上所有人都跟著你激憤地揮舞拳頭高聲吶喊「打倒萬惡共匪、解救大陸同胞」才算成功。

為了鍛鍊孩子這項技能，老師可是花招百出。兒子七歲那年，老師發下來的任務是要每位小朋友製作一份簡報，「說服」老師的未婚夫為什麼他該讓老師養一隻可愛的小狗。原來老師很想養狗但未婚夫反對，便把腦筋動到一舉一動都能融化人心的小蘿蔔頭身上，徹底將學習與生活融為一體。二十八份看似言之有理又無厘頭得太可愛的簡報加持下，老師果然在新學期開學時帶小狗來給大家聞香！孩子們立了大功驕傲得不得了，學習達陣的同時更笑趴一眾父母。

在全民瘋演講的氛圍下，每年學校的演講比賽總是大事，通常得花上一整個學期準備，再花一個學期舉辦班際遴選和校際比賽，得獎者會在期末頒獎典禮上為全校師生、貴賓和家長「表演」。在臺下欣賞得獎者唱作俱佳的表演時，我心裡經常浮現包龍星把鋼管罵直、死人說活的場景，也終於理解為什麼我們吵架不是腦子一片空白就是跳針罵街，人家卻能在義憤填膺下彷彿還背了講稿似的頭頭是道，果然有練過！

另一方面，從 Show and Tell、News Day 到公開演講，澳洲家長不會、也不該插手，孩子碰到瓶頸或需要建議時可以諮詢父母師長，但剩下的就是他們自己的事，因為這不只是學校功課，也是人生功課。

我遇過幫忙擬稿、要孩子背熟，並在家裡反覆練習到具備政府官員正式公開發言水準才滿意的虎媽，每次都弄得大人生氣小孩哭泣，News Day 的表現固然很好，演講比賽可能也會得獎，平日應對卻異常害羞，扭來扭去半天說不出一句話。孩子講是會講，卻只能照別人的本宣讀，錯失了在準備演講的過程中塑形思考和練習臺風與氣度的機會。

最可惜的是，這些沒能親自掌握的能力都可能在孩子未來的人生旅途中反噬，畢竟思考模式直接影響表達能力和解決問題的能力，而這些能力在走下講臺、走出校園後，依然深刻影響著一個人的人際、求職，甚至仕途與人生順遂與否。

面試新生或新人時，就算不看履歷，我們經常都能在幾個問題內猜出應徵者是不是國際學生，或是家有虎爸虎媽的移民第二代。

由於面試問題無從準備，也沒有標準答案，往往讓他們特別慌張，不知道該怎麼回答才「對」，回答因此總是非常簡短，面試官的問題可能都比他的回答長。而且每句回答都像在猜答案，明明是回答，用的卻是疑問句。例如問「你為什麼申請這個職位」或「你為什麼申請這門課程」，回答：「嗯，我不確定，因為這樣有助於累積我的經驗？」，甚至加一句「這樣說可以嗎？」

相對於我的習以為常，澳洲主管總在應徵者走出門後朝椅背一攤：「我的天！感覺好像要用力擰才能從他的腦袋瓜子裡擰出一滴答案來，到底是我在面試他，還是他在面試我啊？」這樣的求職成功率有多高，未來職場上的升遷又能有多順利，可想而知。

偶爾會聽到和我一樣移民背景的人抱怨：「澳洲人就是會出一張嘴唬爛，說得天花亂墜其實根本什麼都不會，卻偏偏能拿到工作或升遷，真的很不公平！」要把這種不公平安上歧視的帽子可能也可以，而且可能會讓抱怨的人心裡覺得好過些。先不論各人實際程度或有沒有真功夫，人家說得出口表示腦筋有動到那裡，很多海外學生或移民理論基礎強、肯下功夫苦幹，面對面時表現出來的卻是答不出、不確定、不知道，當對方連假象都看不到，又要如何想像真相呢？

澳洲人的愛講話除了讓我剛開始的日子過得驚心動魄，確實給了我更多啟發，那就是如果我們也能一起來愛講話，也把不要跟陌生人說話丟到臺灣海峽裡，無論大人小孩都積極塑造勇於思考和舌粲蓮花又能言善辯的表達能力，不求把死的說成活的，但求把活的說得活靈活現、死的說得可歌可泣，相信已經致力於贏在起跑點上的我們，一定能夠攜手再創和諧美好社會，一飛沖天摶扶搖而直上。

不抓蛇的消防隊

在臺灣，抓蛇和摘蜂窩曾經宛如消防隊的副業，我們敬愛的打火弟兄永遠以英雄之姿降落在那尖叫和掃把同時存在的慌亂現場中為眾人解圍，不知道這些項目是真的寫進了職位描述還是本著愛民之心而做，但我可以肯定，澳洲的消防隊不抓蛇，以及其他任何動物昆蟲。

還記得一位剛搬來不久的朋友某天早晨優雅地邊啜咖啡邊踱步到後院準備大吸一口傳說中的澳洲芬多精時，眼角餘光突然瞥見一條和她胳膊差不多粗的蛇盤據在游泳池邊日光浴，那口芬多精瞬間化成高分貝，手刀衝回屋內以百米速度把家裡所有構得著的大小門窗全部關好鎖緊，同時不忘把馬桶蓋放下再用椅子壓住（因為腦海裡一直浮現上廁所到一半蛇從馬桶裡跑出來的新聞），然後立刻打電話去消防隊請他們來抓蛇。電話那頭慢悠悠地說：「Well，這是澳洲，我們和牠們分享同一塊土地。」（We share our land with them）末了祝她有個愉快的一天，掰掰。

是的，澳洲的野生動物就是這麼囂張，喔不，我是說幸福。

好比我家天花板吧，裡頭住了好幾隻袋貂（possum），牠們在上面嬉鬧奔跑、敲搥抓撓、三不五時打架尖叫，比我家小孩還失控。也不知是磨爪子還手癢，我家天花板已經被牠們抓出好幾個洞，根本風水大忌，標準漏財相。晚上坐在沙發上看電視會順便看見動物皮毛從洞裡冒出來，戳牠的話，牠還把鼻子伸下來聞聞看誰這麼煩。我現在坐在這裡打字就可以聽到牠們在上面翻身、搔癢和打呼，小日子愜意得哩。

牠們怎麼住進天花板的？這種動物可聰明了。袋貂不但可以找到任何屋頂、牆壁、水管的破洞或縫隙鑽進去，還會掀瓦片翻牌，簡直比派丁頓熊還莫名其妙。整個屋頂好好地看不出異樣，牠們就有本事找到鬆動的瓦片，翻開、住進你家屋頂和天花板空隙，每晚推開瓦片出門覓食，天光時分再翻瓦片回家補眠。每晚十點左右就會聽到牠們從屋頂出門跳上遮雨棚「碰！」一聲，若這時把頭探出去，包準可看到牠們滴溜溜跑過圍牆上方，每次都讓我想起以前臺北家對門那個晚上十一點準時髮膠抹滿抹好一身勁裝出門去夜店的鮮肉弟弟。

天花板不只被抓破，還被袋貂身上的溼氣和排泄物產生的黃漬弄得東一塊西一塊，多雨時節偶爾會有咖啡色的水沿著牆壁流下來——不要緊張，我見鬼了還真的聞過，不是尿，我猜是冒雨出門時被雨打溼了的貂皮大衣在滴水。每次上閣樓拿東西，打開門那瞬間撲鼻的味道總讓人有誤闖可愛動物園區的錯覺。

某天凌晨我在睡夢中聽到碗盤撞擊的聲音，逐漸清醒後很確定那是從自家廚房傳來的，以為先生起床弄早餐，但到底為什麼起床氣這麼大弄得七哩哐啷響？

翻身下床打算去廚房看他搞什麼鬼，遠遠卻看見他拿著一塊毯子，站在客廳沙發前定格不動。

「有一隻袋貂跑進來了。」他頭也沒回死盯著沙發。

「蛤？How？從哪裡進來的？昨天晚上狗門沒關從那邊鑽進來的嗎？」

「不知道。但我剛剛聽到廚房很吵，以為是妳起來弄早餐，但聽起來很不爽，我就起來看看。」幹嘛抄我的劇本？

「一進廚房就看到牠在流理檯上走來走去。看到我牠整個抓狂，跳下來就往前門衝，跑到前門大概錯把木頭衣架看成樹，爬到頂端蹲著。我想說開門讓牠出去，但牠看我靠近又崩潰往回跑，現在躲在沙發下。」一邊用下巴指了指沙發。

「那你拿毯子是怕牠肚皮貼地會冷，要幫牠蓋被子嗎？」

「我想用毯子把牠整隻罩住，比較好抓出去啦！」

我們手忙腳亂地一個搬沙發、一個在旁邊伺機蓋布袋。但沙發一推動，小東西也跟著移，只看見兩隻小手掌匍匐後退。好不容易在電光石火間按住了牠的尾巴，這才順利把沙發移開用毯子把牠包住，像娘娘侍寢般扛到後院。手一鬆，牠飛也似地溜了，神話裡三回頭謝恩的情節完全沒有出現。

我們細細檢查所有門窗確定都是關好的，閣樓門也沒開，連狗洞都是鎖上的，實在想不透牠打哪裡來。看看時間真的該準備早餐了，走進廚房不經意抬頭一看，發現連接天窗的天花板邊充滿了小小的腳印，推測是下雨天回家時腳滑，不小心從屋頂縫隙滑進天窗才跌進廚房。看著天窗邊緣那掙扎著想爬回去的瘋狂腳印，完全可以想像牠當時有多驚慌，吊在半空時心裡應該罵了千百句髒話。

為什麼不把牠們趕走、一了百了？照我爸那年代處理老鼠的方法，他肯定會說：「拿籠子抓，抓到之後放水溝淹死。」（爸！現在是要去哪裡找那種水溝？）

還記得消防大哥說的話嗎？分享是一種美德。

而且事實是，我還真不能拿牠們怎麼樣。在澳洲，袋貂是保育類我可不是，牠們在澳洲的生存權比我還大。袋貂有領土性，要是被趕離原本的領土，要嘛被其他角頭爭地盤相殺，要嘛因為環境不熟悉壓力太大死翹翹，這樣我就犯罪了，所以連想把失控房客掃地出門都不行。

於是乎，現在出現一種行業叫「possum busters」，姑且譯成袋貂剋星，專門幫人處理天花板中的袋貂。保育類殺不得只能用抓的，法律規定抓可以，但不能把牠們帶離超過原本領土五十公尺的地方（每州規定距離不同），不然牠會死翹翹，你又有罪。

可想而知，在袋貂的領土放生的結局就是牠們和童話故事寫的一樣，會自己找路回家，所以除了抓，還要另外補洞或黏瓦片。有的袋貂剋星提供全方位服務，有的只負責抓，你要自己另外找修屋頂的。找到入口或鬆動的瓦片後，先確定房客都已經抓光或出門了再把洞補好、把瓦片黏牢（沒抓光就堵門的後果是裡面的出不來最後死在屋頂裡發臭），徹底沒收前任的備用鑰匙。

很多人想像在國外生活可以有個小花園種花種菜種水果，說到這我就氣不打一處來。在澳洲，除非你是山頂的黑狗兄，牧場開拓群山遍野，不然城市農夫體驗營種出的東西根本來不及野生動物吃，除了不速房客袋貂晚晚就近吃宵夜，還有野兔、袋鼠、火雞、蝙蝠、貓頭鷹……整座城市到了晚上即成大型夜行動物館，好不容易種出名堂的花啊水果呀，很可能一夜間被吃個精光，就連剛發出來的嫩芽也不放過，一整個鮮嫩多汁顧眼睛！整個庭院都是他們的超市，你家就是他家。

除了飛禽走獸，蟲鼠蛇蟻當然也不缺席。

我最怕蟲，腳多的都要尖叫，在澳洲這些年，什麼蜈蚣、馬陸、甲蟲、竹節蟲我都忍了，唯獨蜘蛛真的不行。我連蜘蛛圖片都不敢看，目睹活跳跳的本尊哪受得了。偏偏我兒愛蜘蛛成狂，畢生夢想是養一隻狼蛛。他可以徒手抓蜘蛛，而且還會拿到我眼前逼我分享他的喜悅。每次都在我的尖叫聲中聽他一邊讚嘆：「噢~妳看看她，妳看看她，真是個美麗東西！」美你個老木（可惡不小心罵到自己），你再不把牠弄出去我就要拿殺蟲劑來把牠淹死！

不是我誇張，那不是普通的小蜘蛛或細腳蜘蛛，是比手掌大很多的獵人蜘蛛，不要跟我說牠們是益蟲，什麼家裡有一隻獵人蜘蛛會少十二隻蚊子這種事我才不想知道，誰這麼無聊去做這種統計？我只在乎牠會不會鑽進衣櫃在我下次拿衣服時爬到我身上，或是我睡覺時爬到我臉上撒尿，電影都是這樣演的啊。

儘管生活過得心驚膽顫，還是不得不欽佩澳洲人對自然環境的珍視，這種精神深植在澳洲人心中，不需要特別制定都市規畫條例，而是如同內建程式般自然落實在日常生活各個角落。當現代建設與自然環境產生重疊時，一定先從「共存」的模式著手規畫。

馬路邊的行道樹整排都修剪成Y字型，既避開高壓電線又不妨礙它們長高高；騎樓屋頂每幾公尺中間就切開一塊，好讓原本就長在那裡的樹木通過並繼續向上生長；樹叢被修剪出一個洞以容納道路反射鏡……生活中隨處可見澳洲人與自然共存的巧思。雖然容納這些共存必須多花金錢和時間以定期修剪或維護，但這就是澳洲人願意讓現代化與自然的雄偉和諧並存的心意，想來心裡都覺得暖暖的。

如果真要說有什麼法條，那恐怕也是大自然受到的保護反而比人類多。除了保育類動物，澳洲每個州、每個行政區都有規定多大、多高或多老的樹不准砍，擋住房子就房子退縮、擋住路就修改路線規畫，就算是種在你家院子裡的樹也不是你的樹，想砍要向區公所申請。不方便、不美觀、擋住風景、風水不好全都不是理由，除非拿出直接影響到建築物安全的證據，區公所才會勉強核准。有的行政區甚至定期更新空拍圖，你以為砍了後花園角落的一棵樹神不知鬼不覺，小心空拍機就在你身邊，區公所馬上電話槓來關心，接著罰單就來了。

朋友 Susie 阿姊說得好：「看到大蜥蜴躺在家門口時沒什麼感覺，最多拿個手機拍一下。泳池旁邊出現大火雞走來走去、看到大蜘蛛也不會叫、外面大蒼蠅夏天飛來飛去最多是揮揮而已、有壁虎進來家裡也絕對不會去抓牠或消滅牠，說個嗨你怎麼還沒走啊？這就表示你是在澳洲住了三十年以上的人。」真是為澳洲的土地分享精神下了最佳註解。

標準答案叫抄襲

剛到澳洲讀書時，最困擾我的是「沒有標準答案怎樣可以拿高分」這件事。

你知道的，學問固然重要，但拿高分可是亞洲學生的第一志願！我們可以不知道畢業後要幹什麼、不知道自己喜歡做什麼，但考高分、上好學校是一定要的。

當年資訊不發達，行李一扛就出國念書，行前既沒有估狗大神，也沒有熱心部落客或油管客分享國外念書實況。正式開學拿到課綱才發現，臺灣學生熟悉的期中考和期末考屈指不用數，因為幾乎沒有，取而代之的是小論文、小論文，還是小論文，以及那時被我認為相當浪費時間的分組報告。每份小論文和分組報告隨附評分標準表，明白揭示想拿到怎樣的成績必須涵蓋哪些論點，討論層面愈深刻縱貫，得分等級愈高。

到底要寫些什麼、怎麼寫，才能拿到高分呢？老師肩一聳：「沒有標準答案，端看你對議題的了解和探討層面的深度和廣度。如果你提出的觀點夠力打臉原本的認知、推翻原本的答案，那也很好。對了，我們想聽你的意見，可是光從你腦袋裡生出來的論點可不行，必須有科學證據支持你的論述。所謂科學證據就是理論或別人做過的實驗和研究，不過不能照本宣科哦，我不要看其他作者已經寫過的東西，你得消化理解後，用自己的文字再闡述一次。簡單說，你所謂的『標準答案』叫做抄襲。」

嗄？

從小，我學的就是背書、默書、一字不漏照答，錯一字扣一分，有時還整題不算分，因為是「原著」，作者的原文才是標準答案，不容許亂改。不想來到這蠻夷之邦，竟然說標準答案是「抄襲」，嘩嘩嘩，是學術重罪，侵犯對方著作權，而且表示你沒有自己的理解，全無學術價值可言，得個零分當掉不說，每間學校都清楚規定，抄襲（plagiarism）屬於學術不端（academic misconduct）行為，一旦被抓到抄襲，視嚴重性可能被罰款、重修、直接退學，甚至取消學位。

我大學畢業後到澳洲念書才第一次聽聞抄襲、學術誠信等字詞，在臺灣受教育的過程中，學校幾乎不曾對此有特別的強調和說明。許多人認為抄襲、拷貝和引用只是一線之隔，或認為差別只在於是否「標註原出處」，誤以為只要標註了出處就可以整段照抄。也由於對定義不了解，很容易就會不小心踩線甚至犯錯。

另一方面，臺灣的學校對學生總是非常寬容，似乎也沒有在這方面嚴格把關、從嚴處理，不會特別教學生怎樣避免抄襲。很多人一直到了有與國際期刊、論文發表等學術上的交流機會，或是出國留學後，才逐漸了解到其中的區別和嚴重性。

二十年過去了，我的角色已從學生變成在講臺上和抱著作業（電腦）批改的老師，卻也發現多數來自亞洲國家的國際學生還是深陷和我當年一樣的窠臼，對於拿不到高分深感沮喪，最常問「標準答案是什麼」。他們會在交作業前拿來給我看、詢問「這樣寫對嗎」，並對老師無法告知標準答案以致於自己無法拿到高分而憤恨不平，覺得受到不完整的教育。

孩子，只有你的理論是否切中重點，沒有標準答案，我又怎麼告訴你，你的答案對不對呢？我最多只能說，方向是對的，但寫出來有沒有回答到問題、討論夠不夠深刻，那是師父領進門修行在個人。老師我不能告訴你要怎麼寫，因為那是我的思考結果，不是你的。如果你照我說的寫，那不是標準答案，是抄襲啊。

常常慶幸自己來自那樣的背景又走入這樣的場景，當澳洲老師對於國際學生的行為難以理解時，我能向他們娓娓道來箇中緣由，讓更多老師領會國際學生不同的思考模式以及轉換上的困境。畢竟還是有很多國家的教育設計裡沒有完善教導學生學術誠信與抄襲的定義，除了非常可惜，對於甫踏入學術殿堂的學生同樣不公平。

這也讓我逐漸理解到，教學生「抄襲是不允許的」很簡單，教他們「怎樣不抄襲」才難但也最是必須，開始回頭爬梳澳洲教育如何教導孩子相關議題、培養學術思考的習慣。

在澳洲，從小學就開始教導孩子認識和辨別怎樣的行為屬於抄襲，強調為什麼抄襲違法、違反學術規範、違背學術倫理和道德，同時帶著孩子認識著作權與智慧財產權。你會驚訝地發現，澳洲小學三年級以上的學生，幾乎個個都能對版權、智慧財產權侃侃而談。

進入中學，學校開始強調抄襲和作品剽竊的定義與嚴重性。學校更嚴格規定，除了不可以抄襲別人作品，連自己寫過的作業也不允許回收使用。比方說，課程A寫過類似主題的報告，於是把舊報告拿出來剪貼一番，當成課程B的作業交，那就犯了抄襲自己的錯誤。澳洲教育相信，寫報告或作業的目的在於引導學生重新思考所學所知，回收等於跳過了重新思考的過程，不算是完整學習了這門功課，自然不被允許。現今澳洲多數學校交作業從七年級開始全面網路化，會透過如 Turnitin 的驗證系統交叉比對校內外、國內外與網路資源，檢查作業是否為學生原創。

此外，澳洲教育會教導學生論述必須有科學證據佐證，如何正確引述全文或標註出處既是每位學生的最基本技能，也是必須謹守的規範。如何用自己的方式重新表達對他人作品和觀點的理解，進而「把別人的研究成果內化成我的知識，並用自己的方式詮釋出來」，自然成了澳洲教育中很重要的一環，「用你自己的話來說」則是老師最常給孩子的提醒。

這件事說來容易，卻需要反覆練習與師長導引，其中最基礎的步驟是反思。澳洲學生從小學起就不停訓練在閱讀後透過反思消化所學所知，咀嚼後產生更深的思考，最後內化成自己的理解並重新呈現出來。學生要學習如何釋義、換另一種說法，練習怎麼利用摘要、總結、概述呈現原作者的想法。看似簡單，卻對形塑一個人的思考模式有著舉足輕重的影響。

類似的思考和呈現方式同樣經常出現在如托福、雅思這類英語等級考中，也部分解釋了為什麼臺灣（亞洲）孩子老是卡在寫作這關，好像怎麼寫都寫不進閱卷老師的心坎。很多孩子到國外念書後為此吃足了苦頭，一味追求標準答案的後果竟然是被學校警告學術不端，儘管努力避免，報告和作業成績總拉不起來，論文也寫不漂亮。由於我們的教育訓練出來的學生思考模式完全不同，硬把他們套上另一款思考模式，難免落入畫虎不成反類犬的窘境。

很多學生換掉了句子中的幾個字詞，認為沒有和原文百分之百一樣就不算抄襲，也不會被系統噹出來。事實是，老師改作業時不需要驗證系統，一眼就能看穿，因為句子一讀就明顯是在 Word 檔裡把指標移到某幾個字上，利用「同義字」功能在選單中點選另一個字，由於缺乏對原文的理解與思考，換上去的字要不是牛頭不對馬嘴就是怪到不行，一下就露餡。或是利用網路上一些免費「幫你摘要、幫你換句話說」的工具，把作者原話複製貼上後讓軟體跑出新段落。可惜這項人工智慧還沒到萬無一失的程度，雖然避開了抄襲，卻落得「不通順」、「不清楚」、「看不懂這段話要表示什麼」的評語與低分。

不同的思考模式會直接影響處理問題的方式。當我們追求標準答案，一字不漏一句不改才是對，二十年前和二十年後的考題當然容易大同小異，標準答案更是原封不動。如此訓練出來的學生在面對事情和處理事情時，自然難有求新求變的態度和習慣。

有人覺得澳洲人腦袋很硬，不懂得變通，傻乎乎地，但在我看來，澳洲人除了數學真的不好（要他們做諸如九十八塊我給你三塊請找我五塊的事，保證他們腦袋會冒煙），其實是因為被教育要遵守原則。法規如果說要照流程跑，大部分的澳洲人沒辦法幫你轉彎。

然而，澳洲人懂得且勇於思考，丟一個問題，他們可以很快抓住大方向，並由此開展延伸出各種不同的意見和做法，雖然有的不切實際爛透了，但總歸創意無限，擁有做夢的膽子和勇氣。他們不會指鹿為馬，但能夠引經據典用一百種方式說服你為什麼這隻是鹿不是馬。

澳洲教育訓練出來的思考模式旨在「理解後就變成你的」，只要原則正確、結果滿意，隨你天馬行空自由發揮，出奇制勝的解決方針於焉有了誕生的可能。即便是尚未證實的理論，也能變成下一個研究主題，將學問愈做愈深，讓知識向下扎根的同時還不斷推陳出新。

亞洲學生經常抱怨在學校裡學不到社會和職場真正需要的東西，但很多時候其實是因為我們追求標準答案的思考模式限制了學以致用的舉一反三能力。放眼臺灣，許多領域的發展都已在世界排名占有一席之地，也冀望未來有更多人才能在國際間嶄露頭角。當我們忙著推動雙語教育、培養學生與世界接軌，或許，從基礎上灌輸孩子正確的觀念，塑造孩子詰問、內化、反芻、提煉的思考模式，藉此與西方思維模式並駕齊驅，就是那臨門一腳的通關密碼。

講英文的土包子

基於「英文為國際語言」觀念根深柢固，「學英文」成為很多臺灣人不可承受之輕，尤其是望子女成龍鳳的家長，深信孩子只要把英文學好就能贏在起跑點。後來又不知怎麼的，英文開始與「國際觀」打上等號，儼然只要英文好就有國際觀，就等於展現與世界接軌之姿。

若按此邏輯，英語系國家的人打一出生就天天說英文，應該個個超級國際化，對世界大小事皆能侃侃而談，行囊一揹就早晨巴黎鐵塔、傍晚賭城打卡。

可以肯定，那絕不是澳洲人，雖然他們確實天天說英語。

「噢耶，我拿到人生第一本護照囉！」小鮮肉一踏進會議室就高舉護照大聲宣布，一張嘴笑得咧到耳朵。雖說是小鮮肉，也是二十六歲大男孩一枚，我臉上掛著禮貌的微笑，心裡實際在嘀咕：「二十六歲了才拿到護照是有值得這麼高興喔？」內心OS沒完，耳邊已紛紛響起其他澳洲同事的羨慕讚嘆。

「哇！好令人興奮喔，我到××歲都還沒申請護照ㄟ！」

「我也是到了××歲才有護照。」

「哎……我已經××歲了都還沒申請護照，反正用不到。」

看我沒答腔還想 cue 我：「二花，那妳……喔，妳都從妳的國家來澳洲了，應該是有護照。」

那還用說？土包子。

後來漸漸發現，真的很多澳洲人活了大半輩子都沒踏出澳洲國門半步！

臺灣人休假雖少，但出國旅行宛若行灶咖，一有假就出國。旅行團、遊學團、親子團、蜜月團、員工旅遊團、機加酒、自由行……很多孩子小小年紀就出國開眼界。我從來沒想過，澳洲身為一個已發展兼英語系國家，還是大英國協一員，出國率竟然這麼低？

啊，我知道了，澳洲人應該是資訊發達，得以透過各種管道做個世界公民，秀才不出門能知天下事吧？

非也非也。澳洲因地廣人稀，網路普及之前的資訊流通其實相當受限（澳洲的網路普及同樣整整落後臺灣快十年），也不像臺灣有二十四小時的新聞頻道，每天就是晨間新聞、午間新聞、晚間新聞，中間了不起插幾則新聞快報。由於民情純樸，社會新聞不多報，國際新聞報不多，整場新聞夯不啷噹頂多一小時就打完收工，其中運動新聞可能還占最多篇幅。

澳洲人喜歡說澳洲是「Down Under」，因為澳洲就是離大家都很遠、就是在地球儀和世界地圖最下面的那塊土地，有時他們乾脆直接用「Down Under」自稱，帶點「我們是澳洲人，在地球遙遠的那端驕傲獨立著的澳洲人」的味道，很會自行加戲。

生活在這樣一個自給自足又離群索居的國度，對澳洲人來說，紛紛擾擾的世界大事彷彿都發生在很遙遠的地方，於是不免生出了某種事不關己、己不操心的感覺。

記得有一年全球都在關心某件國際大事，澳洲新聞大概也覺得有展現「國際觀」的必要，那次跟得非常緊，但就在全世界一片現場ＳＮＧ連線、記者直擊報導中，澳洲新聞突然硬生生切斷頭條。此則插播來得之隆重，讓人一度以為雪梨歌劇院被炸爛，孰料主播一開口：「讓我們先來關心橄欖球目前的比數……」貼在電視機前「拓展世界觀」的我當場默唸花惹發，眼下是關心橄欖球的時候嗎？

澳洲人杯觥交錯之際，聊的是穿小短褲近身肉搏的英式橄欖球和澳洲足球，或是有看跟沒看一樣的板球；ＢＢＱ燒烤爐邊的話題則圍繞在花園、工具、ＤＩＹ。他們對腥風血雨的政壇不怎麼熱中，政治話題很難排上酒足飯飽後的八卦主題，頂多是大選或又換首相時聊個兩句，也就講完句點了，還不如關心一下橄欖球比數吧（還來啊）。

對國家大事已是如此，更何況發生在千里之外的國際時事？一般澳洲人可能知道最新美國影集和新一季「英國人有天賦」什麼時候上映，至於世界上哪裡地震、哪裡淹水、哪裡內戰，那通常是話題殺手，還不如討論橄欖球比數（有完沒完）。當世界各國為全球經濟和戰略問題把五眼聯盟之一的澳洲翻來覆去討論之際，很多澳洲人可能連五眼聯盟都沒聽過。

至於出國旅遊，澳幣不算強勢貨幣，二十年前雖然一度站上頂峰，但過去十幾年澳幣的表現每況愈下徒增傷感，連帶讓澳洲人出國時並不吃香，去一趟英美加歐實在吃不消，就算出國也經常是東南亞度假小島，既體驗異國風情，又可以用比澳洲低很多的物價天天喝酒、跳舞、全身去角質。

近幾年受到網路資訊影響，不少年輕孩子嚮往至世界各地壯遊，錢成了個相當現實的關卡。澳洲物價高，平時生活費負擔已不小，澳洲父母可不流行幫孩子付大學以上的學費和生活費，好運的繼續住在家裡省點房租，若是家裡狀況不允許或前往別的城市讀書，租屋填肚那可都是你自個兒的事，畢竟十八歲以上就是成人了。澳洲學生半工半讀付學費、生活費或使用政府的助學貸款可謂常態，畢業後多得是背著學貸出社會的人，雖然不急著償還，但也沒那個可以說走就走的口袋。

澳洲人不跟國際接軌，很大成分也帶著「非不能，乃不為也」的姿態。

澳洲人其實相當念舊，致力保護自己的傳統，從實質的古蹟古物到精神上的文化風俗，就連巷口咖啡店都在保護範圍內。

站在澳洲街頭，你不容易看到連鎖咖啡店，瘋狂在世界各地插旗的星巴克即便是全盛時期在澳洲也始終只能卡在B、C咖之流，很多澳洲人甚至以喝星巴克的咖啡為恥。曾經紅極一時，想藉由和澳洲生意人合作來包裝成澳洲本土產業、大舉進駐澳洲的 Gloria Jean's Coffee's，風光沒多久竟然引起澳洲人的抗議和抵制。澳洲人認為，加盟咖啡店用廉價咖啡壓低成本競價，間接使得充滿人情味、一家好幾代都在那裡喝咖啡吃早午餐的在地小咖啡館無法生存。「趕走外來咖啡！」、「搶救小鎮咖啡店！」，電影《電子情書》裡不敵大型連鎖書店而黯然退場的轉角溫馨小店，在澳洲人眼皮子底下可別想演這齣。

如此這般「說英文」的澳洲人，用臺灣人的標準來看，未免實在太不跟國際接軌、太沒世界觀了，根本就是土包子嘛！但，那又 so what 呢？天性樂觀隨緣的澳洲人深信一個蘿蔔一個坑，有能力在國際舞臺上發光發熱的，澳洲人傾一國之力相挺；能遊歷四方、外出闖蕩的人才，澳洲人引以為榮，更重要的是他們相當清楚，澳洲需要每一個澳洲人在百工百業裡各展所長，國家才能夠持續運作，使「老有所終，壯有所用，幼有所長，鰥寡孤獨廢疾者，皆有所養」。歲月靜好，靠的是每一個人在自己崗位上勤勤懇懇的努力，在彼此需要的時候互通有無。沒有誰比較厲害、誰比較重要，起跑點沒有輸贏，因為出發後各有各的路。互相欣賞、彼此看重，土包子也有自己的一片天，也是有人愛吃。

運動是生活的一部分

要是問澳洲人：「你們很愛運動吼？」他們可能會歪頭想很久：「有嗎？不是正常的嗎？」

對澳洲人來說，運動不是愛不愛、喜不喜歡的問題，運動就是生活的一部分，看在生活習慣不同的我們眼裡他們很愛運動，但對澳洲人來說，這不過就和吃飯睡覺拉屎一樣，是再平常不過的日常。

先釐清一下何謂「運動」好了，我認為可分成競賽型運動與強健體魄型運動兩大類。

以運動項目來說，澳洲人熱愛的運動項目的確比較特殊些，籃球、棒球這種國際大咖運動在澳洲遠非最大宗，反而是板球、澳洲足球、英式橄欖球和無板籃球能讓舉國同慶。喔對，還有游泳、衝浪和划船等水上活動，畢竟這國家外面圍了一圈海，裡頭處處山川大澤，雪梨每年甚至會舉辦划龍舟大賽呢！

由於澳洲人就是個隨興、易起鬨的民族，喜愛的運動往往也帶點季節性的人來瘋。例如，一整年其他網球大滿貫在比賽時澳洲人並不會特別關心，電視轉播也有一搭沒一搭，每年一月澳洲公開賽開打時卻突然人人變身網球名嘴，平時小貓兩三隻的社區網球場一位難求。

又好比風靡世界的足球，澳洲人本來同樣不冷不熱，直到某年澳洲隊突然踢進世界盃前幾強，「Socceroos」一夜間變成萬眾追捧的國家英雄（Socceroos 是澳洲足球國家隊的名字，就是足球 soccer 加上 kangaroo 的 -roo），從此以後，足球在澳洲地位大躍進，但電視還是不常轉播足球賽，只有四年一度的世界盃才會再次喚醒澳洲人的足球魂。

澳洲電視臺一定會轉播、人人都要能評論上兩句的，是只在澳洲、英國、紐西蘭以及受英國文化影響較深的國家如斯里蘭卡、某些太平洋島國才會進行的英式橄欖球、板球和無板籃球，還有就是澳洲特有的澳洲足球。我不是運動專家（老實說對運動也不感興趣），這裡大略做個介紹就算，有興趣知道更多的人請自己上網搜尋。

無板籃球源於英國，算是從籃球衍生出來的運動，英文叫做 netball。這種球的樣子和打法都跟籃球很像，只是進球處沒有籃板只有一根鐵棍上掛了個籃框。和籃球不同的是，投籃者不能滿場亂蹦噠，一定要在籃下投籃區裡腳不離地的定點投球，進攻或防守也不可以有身體接觸，因此運動傷害的機率相對較低，相當適合想動一動但又想避免激烈衝撞造成運動傷害的人，尤其是女孩子。

由於需要的器材和場地簡單，規則不複雜，主要以技巧取勝，運動量充足但強度又不會太高，成了小學和中學最風行的運動，很多女孩子從小學一路打到大學，畢業後繼續加入成人組，結婚生小孩後則進階媽媽組。不少家庭都是媽媽和女兒加入同一個球隊俱樂部，傍晚和周末母女結伴練球或參加球賽，結束後再順便吃個點心喝杯飲料，是很特別的澳洲式天倫活動。

板球規則相當複雜，為了避免大家無聊到把書扔了，我沒打算介紹，反正就是個低打的棒球版本（板球迷或棒球迷請不要罵我）。除了打擊，板球另一重點是打擊手背後那三根小棍子，投手投球打到那三根小棍子才是真正得分關鍵。

規則複雜的板球一打就是好幾個小時，有經驗的觀眾都知道要自備坐墊、食物、飲料，連行動冰箱都算是觀賽必需品。場邊觀眾以年長者占多數，也有不少家庭喜歡三代同堂、攜家帶眷，把看球當家庭野餐。醫院的病人往往很喜歡看板球，一來比賽時間長，剛好打發在醫院裡百無聊賴的漫漫長日，二來套句他們的話：「這是個不用看就可以看的運動。」（You can watch it without watching it）看累了睡一覺起來還在打。喜不喜歡見仁見智，但板球絕對是澳洲和英聯邦地區必知的運動和社交活動之一。

澳洲運動的重頭戲其實是澳洲足球（Australian football）和英式橄欖球（rugby）。

澳洲足球是澳洲特有的運動，澳洲人暱稱為 footy，算是英式橄欖球和足球（soccer）的混血兒。澳洲足球的球門是在底線處有由四根長桿形成的中間和兩側區域，中間那兩根是球門柱，高度較高，旁邊兩根的高度僅有球門柱的一半，稱為側門柱，踢進中間的分數當然是高過兩側。在搶球過程中，不像足球那樣不可以觸碰對方，反而和美式橄欖球（American football）一樣靠衝撞和擒抱。

英式橄欖球起源於英國，後來擴及其他歐洲國家和英聯邦屬地。英式橄欖球的打法和美式橄欖球有點像，要死抱著球衝撞到底線觸地達陣得分，比賽過程中要是一直無法推進到底線觸地達陣，也可以用直接踢落地球射門的方式得分，只是分數比達陣少一點，對方犯規時也可以用射門當作罰球。

若論及球本人，澳洲足球和英式橄欖球的球都長得像橄欖，但顏色花樣比傳統的咖啡色美式橄欖球多，球體本身也很有彈性，傳球時既可丟地上彈跳也可踢可搥。看球員們擺弄那顆球，彈啊、搥啊、踹的好像很簡單，但正因為球不是圓的，方向和力道其實很難控制，需要高深技巧，剛開始練習時一定都會發生角度不對被球狠狠打臉的悲劇。

其實英式橄欖球還可分成兩種，聯盟式橄欖球（rugby league）和聯合式橄欖球（rugby union），兩者規則稍有不同，但對我這種外行人來說沒差，只要肌肉大塊又結實的球員們短褲都穿得一樣短就很好看了。

老實說，最讓我驚嚇的其實是澳洲足球和英式橄欖球都不穿護具，精壯的球員們穿條性感小短褲就上場肉搏，純靠擒抱方式和位置的規則保護人身安全，所以幾乎沒有一場球賽不濺血，直接被抬出去更是家常便飯。害我總覺得每個球員的臉都歪歪的，應該是老這樣撞的關係。

澳洲足球和英式橄欖球的球季主要在冬天，從地方賽打到國際聯賽，不專業如我反正就覺得怎麼賽個沒完。這些賽事盛況之大，若是當晚或那周末有球賽開打，交通部總會發出交通阻塞預警，呼籲大家在該時段避開球場所在區域，否則保證塞得動彈不得。由於球場車位有限且看球中間難免喝點小酒，很多人會選擇大眾運輸工具或包計程車。開打當天下午和傍晚的公車和火車上往往出現大批穿戴支持球隊服裝和周邊產品（衣服、帽子、圍巾、啤酒套應有盡有），帶著旗幟、彩帶、大手指等加油道具往球場移動的球迷。澳洲人愛運動不分老少，除了青壯年，也有很多白髮蒼蒼的資深球迷和連小奶娃都帶上的一家人，就算沒在追蹤賽事的人看此陣勢也知道「哦～今晚有球賽」。

要是無法親臨現場，去酒吧或餐廳看球賽也算是必要的社交活動。必須說，澳洲人在這點上相當知書達禮，就算當場有各自支持的球隊，雙方也是用開玩笑的方式叫陣，球賽落幕雖然有人抱頭痛哭（他們看球之認真，輸了真的會哭），很快地大家又是同島一命，恭喜、安慰、自嘲聲此起彼落，很少發生看球看到打架流血的意外，關於這點，我覺得從小培養的運動家精神功不可沒，詳情請見下一篇〈運動是為你好〉。

球類運動之外，近十幾年澳洲游泳選手在國際賽事拿獎牌拿飽飽，我認為得歸功於他們把游泳當成國民運動的精神。

澳洲人說自己國家四面環海，雖然環法和臺灣小島的環法不大一樣，但抱著地圖上看起來四面都是海的執念，澳洲人相信每個孩子都必須擁有基本的水功，游泳課成了基本配備。很多澳洲成年人記憶裡也都有一個「我小時候不會游泳不敢下水，我爺爺說：『你馬上就會了！』然後一把把我推下小河」的故事。

小學裡，游泳課是必修，不太關心學業進度的澳洲家長個個深怕小孩上小學前不會游泳「跟不上」，小學前的暑假往往特地報名「游泳衝刺班」。游泳比賽幾乎全校每一個孩子都下水，大一點的孩子還得到海邊上衝浪和海中自救的課程。青少年們周末假日相約就是去海邊游泳、日光浴，夏天的澳洲生活就是陽光、沙灘、衝浪板，臨海城市的學校連畢業典禮的傳統都是畢業生集體跳海，不會游泳就是錯過青春！

澳洲的海灘是世界各地遊客心之所嚮的耀眼白沙，尤其是夏天，住在靠海城市的家庭周末或假日一定朝海灘衝，一泡一晒就一整天。沒海灘衝就衝附近的小河，澳洲的都市設計以和自然並存為原則，很多住宅區附近就有跳下去即可玩水的內灣或河流。再不濟也一定有社區游泳池，一家大小拉個浴巾穿著泳衣立馬出發，游完也不見得沖澡換衣服，直接用浴巾裹住得了，回程路過麥當勞順便買霜淇淋時，頭髮還在滴水呢。

另一方面，本著學游泳不只為了樂趣和比賽，更為救命的信念，游泳班和學校游泳課每學期至少都會有一堂課讓孩子練習如何判斷：溺水的人能不能救？用什麼工具救？怎樣在保證自己安全的前提下救人？救生課裡除了學救人，還得學溺水。澳洲孩子一定要學會怎麼穿著衣服游泳，畢竟很多溺水的情況都是不小心失足落水，沒有人失足前還有時間脫衣服，所以得學著如何在身上衣服吸滿重量且綁手捆腳的狀況下還能保持冷靜並發揮正常游泳技能。澳洲人認為，不求人人拿金牌，但至少要能自救，再爛至少也要能撐到有人來救。

除了球隊和泳隊，由於視運動為生活的一部分，澳洲孩子的課後和周末活動同樣以運動為主，舞蹈、體操、武術、划船……五花八門，家長的心聲相當一致：統統給我去消耗體力！

澳洲孩子學校下午三點多就下課，他們沒有成績至上的壓力，傳統澳洲人也不時興補習，除非真的差到被學校點名才會找老師額外補強，更沒有孩子一定要培養什麼才藝的觀念，運動卻是必須的。不然從下午三、四點踏進家門到晚上睡覺前這段時間，沒什麼回家作業的澳洲孩子還不把屋頂給掀了？不如消耗一下體力，強健體魄之餘又一夜好眠，是對父母最實際的幫助。

另一方面，對於運動競賽不熱中的澳洲人當然大有人在，但這並不妨礙他們透過運動強健體魄，舉凡跑步、騎車、游泳、划船、各式球類……不比賽還是可以鍛鍊身體，瑜伽、跳舞、上健身房更是日常活動，即使塞不進每日行程表，每星期一定都有固定的運動天數。

大多數澳洲人會認真報名健身房與舞蹈瑜伽皮拉提斯韻律等課程。信任專業使然再加上認為運動是生活的一部分，他們對於運動同樣很肯花錢，健身中心或瑜伽教室的年費雖然不便宜，大家仍然趨之若鶩，很多機構行號的員工福利就是提供免費健身會員。有特殊健身需求或目標的人也很流行聘請私人教練，上課訓練地點可能在健身房也可能相約在家附近的公園。

澳洲人會把運動隆重地排入每日行程。大清早天還沒亮，划船的已經槳著獨木舟劃破水面，不到六點健身房裡跑步機和重量訓練器上已人滿為患，泳池裡有人閒適優雅地划著水也有游泳隊瘋狂踢水，運動結束後再一個個洗得香噴噴的直接去上班、上學。傍晚時段的健身房就像黃昏市場，很多人下班後直奔健身房先運動一波再回家，或是在泡夜店前先喚醒肌肉。晚上八點過後的健身房會迎來另一波顛峰，那是加班後用運動洗滌疲憊心靈的上班族，或是家有孩子的爸媽在放倒孩子後來運動。

如果上班前和下班後的時間真的不好用，那就乾脆跑步或騎自行車通勤，或是中午休息時間出來跑他個幾公里，也有不少雇主主動幫員工請健身教練，利用中午或下班後固定在公司附近一起跑步或在公園角落集體健身。

澳洲很多公司都設有淋浴間、更衣室，讓跑步或騎腳踏車來上班，或是利用午休運動的員工可以洗澡更衣，然後神清氣爽繼續開工。愈大的企業福利和設備愈齊全，不會因為一秒鐘幾十萬上下就吝嗇給員工運動和沖澡的時間，相信身心健康的員工工作效率一定高過賣肝硬榨出來的那幾分鐘，「再忙，也要運動」。

爸媽之間也會互相協調運動時間，若看到一臉無奈的爸爸獨自帶著孩子去公園玩，媽媽肯定是上健身房或去運動了。如果沒有隊友幫忙，很多健身房設有托嬰服務，可以花個幾塊錢澳幣讓小孩待在托嬰中心裡打發時間，有些家長甚至願意請保姆來家裡，就為了讓自己能抽身去運動。說到底，正因為運動是澳洲人生活的一部分，這些錢他們覺得是應該花也很願意花。

不管是競賽型運動還是強健體魄型運動，澳洲人反正是從小動到老。電影《金法尤物》女主角說「運動讓人產生腦內啡，腦內啡讓人快樂，快樂的人不會殺人」，這樣看來，澳洲人的隨興和樂天搞不好和運動習慣高度正相關。

我家大門出去右轉就是綿延幾十公里的腳踏車道兼行人步道起點，坐在望窗的書桌前，各種年齡層的腳踏車騎士和穿著時髦運動服的跑者在我眼前揚長而去，門前的空地永遠有不知道哪來的小孩把各種球掄到我家車庫門上砰砰響。當運動成為一種風氣甚至同儕壓力，當緊身韻律褲徹底取代其他任何下半身著裝，像我這種追公車五公尺就快挫起來的外國人，在見識了澳洲人與運動天人合一的韌性後，說什麼也得買條露露檸檬（lululemon），認真規畫一下雞仔腳宅女的運動新紀元。

運動是為你好

本書既然名為《澳洲認真使用須知》，此處必得耳提面命告誡大家：澳洲的周末很難、用，與人相約記得避開星期六早上、下午以及星期日早上。

原因？此時段是澳洲孩子和大人的運動比賽時間，有孩子的朋友保證你約不到。沒孩子也別高興得太早，滿路都是載著小孩巡迴的家長，交通繁忙不輸上下班尖峰，咖啡店、餐廳、購物中心全部被比賽結束後來打牙祭、填肚子的家庭塞爆。

澳洲小孩從小就有參加球隊的選擇（也可說是某種同儕壓力），每種球類根據居住區域有自己的俱樂部（club），每個俱樂部會依年齡分隊，同一間學校的爸媽通常會幫孩子呼朋引伴一起組隊參加，最熱門的是足球、澳洲足球、英式橄欖球、板球、無板籃球、曲棍球。

不常去學校走動的爸媽倒不用緊張，去俱樂部報名時都會盡量把同校學生放在同一隊伍裡，澳洲學校往往不大，各年級的孩子經常玩在一起，就算不認識平常多少見過或聽過，不用擔心孩子怕生不願意參加，家長也可藉此機會互相交流，畢竟每星期都得在場邊站上至少一個鐘頭，加減聊天八卦一下囉。除了擔任學校義工，球場邊其實真的是爸媽們的極佳社交場合，而且因為有贏球此一共同目標，更容易建立革命情感，比完賽有時還順便串串門子續續攤。

若以季節來說，足球、曲棍球、英式橄欖球、澳洲足球和無板籃球的球季是冬天，大約是四月到十月左右，板球、籃球、網球則是夏天的運動。不過還是要看當地的球隊，沒有一定哪個季節才能打哪種球，球隊有開打就跟著打唄！

參加球隊的行程約莫如此：一星期有一到兩個放學後的下午練球，周末則是重頭戲，各地的俱樂部串連起來比賽，球隊到處巡迴。國小以內的比賽會盡量控制在某個區域裡，大概怕年紀小的孩子在車上太久爸媽會抓狂，造成交通危險，年紀愈大愈進階就要跑得愈遠。比賽時間看對手隊伍和地點安排，每星期都不固定。不成文慣例是孩子愈小比賽時間愈早——澳洲小孩晚上七點就上床睡覺，大清早六點全體生龍活虎，早點比賽以免他們在家把爸媽搞瘋或還沒到比賽時間已氣力放盡。

澳洲孩子五歲上小學，通常也就開始參加區域球隊了。五歲小娃早上七點開踢是家常便飯，冬天早上那叫一個冷啊，要是再來場雨，真正是寒風吹起細雨迷離，冷冷的冰雨在臉上胡亂猛敲。我的確問過為什麼選冬天到底想逼死誰？答案是這樣比較不會中暑，不然排到快中午才比賽的孩子（連同父母）可能當場晒成人乾。

好不容易捱到球季結束，以為周末早上從此可以悶頭大睡了嗎？單兵注意，稍息之後，網路上報名夏季運動！

這樣的生活形態衍生出單詞「Soccer Mom」（足球媽媽），意指一天到晚忙著把孩子載來載去踢球的媽媽。足球媽媽的起源版本很多，雖然字面上是足球，但漸漸延伸到所有和孩子有關的活動，泛指所有家有學齡期小孩、成天忙著載小孩穿梭於各項活動的媽媽。而隨著愈來愈多爸爸開始有分擔家務的自覺，再說要是有一個以上的小孩難免撞賽、撞活動，爸媽自然得分頭出擊，所以 Soccer Dad 近年也逐漸普遍。

「Soccer Mom」如今已進化成形容詞，若聽到一位媽媽哀怨說自己是個足球媽媽，意思就是她總忙著載小孩和關於小孩的活動，沒有自己的時間和空間；若有人語帶輕視的說某某是足球媽媽，那是在說某某總把孩子的事擺第一位、沒有自我；又如果看到一開車男人對著別車大罵還搭配國際手勢嘶喊：「Soccer Moms!!」那你應該知道是什麼意思……

在澳洲當爸媽的生活如此壯烈，不難想像，每到球季尾巴大家是如何雙眼發亮地聚在一起倒數，終場哨聲落下時爆出的掌聲，直叫人分不清是為了比賽的好表現還是歡慶球季總算結束！照理說，飽受折磨的爸媽沒理由傻兩回，殊不知隔年原班人馬又準時在場邊出現，臉上全是電影《飢餓遊戲》裡生還者又被叫回去互殺的驚恐。

神。

這一切，你可說都是澳洲式的「為孩子好」，並可從中窺知澳洲人至為重視的運動家精

是的，運動之所以是澳洲人不可或缺的日常，既不為考高分也不為升官發財，為的是鍛鍊體魄、培養運動習慣，更重要的是培養運動家精神，勝不驕敗不餒需要強大的心理素質也需要時間錘煉，光是持之以恆、風雨無阻的意志，以及團隊合作的情操，就足夠孩子慢慢咀嚼、一生受用。為此，澳洲爸媽心甘情願在冷風中咬牙，互拍肩膀苦中作樂。

我們參加過一個足球俱樂部，裡頭的家長剛好多數來自比較注重學業成績的文化背景，不少人對「踢球」其實沒什麼興趣，覺得這事對孩子未來「有出息」沒有幫助，但又覺得既然在澳洲，好像應該讓孩子和澳洲孩子一樣有加入球隊的經驗，算是「融入當地文化」，順便建立點人脈也不錯。

「為孩子好」的父母心雖然相同，由於出發點和澳洲人不大一樣，舉凡天氣太冷、太熱、颳風、下雨，他們都會在沒有通知其他隊員的狀況下自行停賽。練習時遲到早退、愛來不來是慣例，不來的原因還是太冷、下雨、孩子不想來、今天心情不好、要補習等。整個球季下來，不少隊伍在球賽當天七個隊員只來三、四個的場面見怪不怪。記得那時的規定是一場四個孩子踢，三個替補球員輪流上場，要是其中一隊人數不足，為了讓比賽能公平進行，對方通常會借出一個球員，但這樣就變成自己人打自己人，被出借的孩子既尷尬也不甘願，

對方家長的不悅也明顯寫在臉上。

漸漸地，其他俱樂部傳出怨言，曾經發生氣到不願意出借球員的事，也確實本來就沒有這個義務，你們隊員自己不來誰還跟你客氣，那就四個踢三個贏個爽吧！

那年俱樂部曾向旗下所有家長發出一封提醒信，「提醒」大家尊重其他參賽球員，莫忘運動家精神。可惜提醒無效，球季中途甚至有好幾位球員因為「同一天安排了其他的事」和「孩子沒興趣了」，從此珍重不再見，理由當然還是「為了孩子好」：功課比較重要、孩子還小不要勉強他、天氣太冷了又老下雨，怕孩子受不了。

平常練習零零落落，正式比賽也因為出席率偏低，當天出席的孩子沒有隊友可替換得獨自撐完全場，對比人家五分鐘輪替一次休息過精力回充的新血上場，甚至硬生生比人家少一個隊員，要贏球堪比老蚌生珠。

奇怪的是，那些對於練習和出席比賽不重視的家長卻往往非常強調「要贏」，疾言厲色地給孩子要贏的壓力：「你們要是贏這一局，就可以打進幾強，積分累計到多少就能晉級……想不想贏？要不要贏？一定要贏！」為了贏，有的家長甚至不惜教小小孩做出一些拖延賽事和遊走在犯規邊緣的舉動。比如足球協會為了保護技巧尚未成熟的孩子，明言禁止使用像鏟球這種容易造成傷害的動作，這個俱樂部的很多隊伍卻一再施展此類「技巧」贏球。

由於每場比賽的裁判都是兩隊各派出一位爸媽義務擔任，大多數父母不想把場面搞僵，只要沒有孩子受傷就睜一隻眼閉一隻眼，臉上的表情和搖頭卻顯而易見。

那個球季踢完後我們就離開了，因為那不是我們想要孩子學習的精神。對澳洲人來說，除非天候糟到場地無法使用或有危險才會取消比賽，只要場地沒淹水、沒有被雷劈的危險，風雨再大照踢照打，天氣不夠好絕對不是缺席練習或比賽的理由，因為堅持和毅力正是運動精神的重要精髓。

透過運動培養的還有「承諾」，報名就是許下承諾，就得有履行承諾的決心，不能因為覺得其他事比較重要或運動在你心中的排行不夠前面就輕易拋棄。澳洲孩子中途退賽是非常罕見的，除了有不可抗拒的因素，例如搬家、斷手斷腳（澳洲孩子真的很常跌斷身上任何骨頭），無論是參加運動還是學校舞蹈社、辯論社、樂團這類團體活動，老師和父母從一開始就會很清楚地告知孩子，加入就表示你承諾出席所有的練習和比賽，並且會堅持到最後，這並不是因為「錢都繳了你給我上完」，而是希望孩子理解承諾是一件嚴肅的事，學會信守承諾是對自我的要求，也是對人對事負責。

澳洲人相信，把一件事認認真真地從頭做到完，就算碰到困難或沒興趣了也要帶著負責任的態度完成，是為人的基本態度也是成功的條件。澳洲父母在比賽時很少會給孩子一定要贏的壓力，更嚴格禁止故意犯規，希望孩子把焦點放在每一次的過程中學到的課題，體悟無論輸贏都有能夠進步的地方。比起贏，他們也希望孩子學會輸，因為唯有懂得輸，才懂得贏得謙卑。

運動家精神對孩子是艱辛的訓練，對成人更是挑戰深藏意識的考驗。賽場邊，你會看見父母斥責那些嘲笑對方輸球的自家孩子，也可以看見對這些行為視而不見的父母；會看見孩子輸掉比賽已經很沮喪但上去還是一頓數落的父母，也會看見給孩子一個大擁抱後說「你們已經很棒了，這場比賽是場硬仗」的父母。

各種大小運動比賽的邊線更是照妖鏡，平時溫文有禮的家長站上場邊可能立刻變了一個人，那模樣往往已不是加油吶喊，而是整個撕心裂肺地爆跳吼叫，總讓人不免懷疑他到底外圍賭多大？某年足球協會還發了一封信通知每個俱樂部約束場邊的父母，「請讓孩子好好享受踢球，父母們請千萬保持冷靜，不要對正在比賽的孩子叫囂就是對他們最好的支持。」最後甚至祭出觀賽者不可以發出聲音的規定。

柔術比賽場邊，我們意外觀察到不同居住區的家長各有不同的觀賽文化，從剽悍西區來的爸媽和教練感覺恨不得跨過圍欄親自下場，大力揮舞著拳頭猛喊「呼死」。小男孩打輸下來已經漲紅著臉一把鼻涕一把眼淚，胳膊比孩子腿都粗的大人還是對準頭一把巴下去，「我剛剛跟你說要出某某招你就不聽！」

可見哪，運動家精神不只孩子在學習，家長也需要複習。

有人覺得澳洲人是隨便讓孩子參加運動練得四肢發達但頭腦簡單，其實不然，他們在規畫孩子的運動課程時是遵循著科學舉證的。澳洲孩子從年齡很小就開始參加各種不同的活動，目的不是上課或學才藝，主要是讓孩子接觸和體驗不同的選項，進而激發他們對自己的了解和對未來的思考。很多不同文化背景的家長報名澳洲人開的「才藝班」後會抱怨幼幼班的老師都在混，孩子想怎樣就怎樣，既不規定他們要做什麼也不教規則，一點系統都沒有。

殊不知，老師和教練其實是故意且很努力維持此一狀況。科學證明，學齡前的活動最好的就是讓孩子盡情體驗活動本身，孩子的大腦功能尚未成熟，這時硬要他們嚴格遵守遊戲規則和架構反而限制了孩子的發展，這種框架造成的壓力對孩子的心理也不健康，所以澳洲老師接受的訓練是刻意不跟年紀小的孩子解釋一定要怎麼跑位、怎麼踢、怎麼跳、怎麼打才「對」，而是讓他們盡情享受活動，試探各種可能，只要不受傷就好。隨著年紀增長，再循序引導孩子從中體會架構和規則如何能幫助他們玩得更好、達到目標。

就這樣，從小時候的消耗體力、增加手眼協調出發，逐漸到培養運動家精神和團隊合作，澳洲人從小就讓運動變成生活裡一定要做的事，等到孩子長大成人，自然也會一直保持運動習慣。有的人持續鍛鍊身體，有的人投入業餘隊伍，有的人成為職業運動員，不論哪一種，他們都是真心樂在其中且視之為必須信守的承諾。

球季的周末通常早上是小孩場，下午就換成人場，剛下場的孩子在一旁騎車玩耍，沒下場的成人搬出烤肉架來個ＢＢＱ野餐。平時上班日的夜晚，球場上也總是燈火通明地進行著大人的賽事。隊伍裡有來自各行各業的人，他們之間不談公事、不抱著「認識人」、「建立社交網絡」的目的而來，有的只是對這項運動的一股熱情。

很多在業界和專業領域占有一席之位的人都固定參加某支運動隊伍，他們信守著自己為運動許下的承諾且嚴格自律，衝風冒雨、起早貪黑都為運動，再忙再累，運動也一定在行事曆上卡好位，其他事情都得讓開。看著這些揮汗如雨又叫又笑的大孩子，有時我在想，究竟是從小培養的運動習慣和早已內化的運動家精神成就了他們的成功？還是成功的人都恰巧有一樣的性格特質所以愛運動？

無論孰為因果，在運動這件事情上，我看見澳洲人從孩子尚且年幼時就投資、就督促孩子人生態度的「為你好」。生活中微不起眼的小事，原來就是讓人生路走得更遠更穩的力量。

PART III

Down Under 的普通日常

年薪百萬的工人

看到我邊看臺灣影集《做工的人》邊一把鼻涕一把眼淚，澳洲朋友完全無法理解：「工人怎麼會是社會底層的小人物？」

在澳洲，做工的人和上班族、教授、醫生、律師、銷售員、運動員一樣，單純就是一種職業選擇，只是工作內容不同罷了。而且澳洲工人的薪水很高！大學老師的薪水都不見得比公車司機或卡車司機高，水電工和黑手更賺，買得起半山上坐擁無敵海景的豪宅，澳洲人才不吃「萬般皆下品，唯有讀書高」這套。

兒子小時候很愛看「工地秀」，某個豔陽高照氣溫直逼攝氏四十度的大熱天，老婢再次陪他在路邊看建築工人鑽地、吊鋼筋、束鋼條、混水泥。良久，他突然回過神：「他們看起來好熱，好辛苦喔！」一瞬間我差點脫口而出：「對啊，不念書只好這麼辛苦去做工。」天曉得我對他們的尊敬和感佩可是蒼天可表。

做工哪裡不好？那些可都是無法輕易取代且日月累積出來的一技之長，爆肝的白領工作難道就不辛苦嗎？無奈這句臺灣爸媽的經典臺詞實在太洗腦，竟然就這樣跳上了舌尖。

我嚥下經典臺詞，說：「每個工作都有辛苦的地方，所以你一定要很喜歡、很喜歡你的工作，那麼工作再辛苦你都會覺得沒關係，還會覺得工作很好玩。」

澳洲父母不會對孩子說「不讀書以後只能去做工」，誰說一定要讀書？喜歡做工就好好去做工。做工好啊，做工賺得可多了！

朋友J家馬桶不通，光請水管工人到府就先收八十塊澳幣出門費（call-out fee）。水管工來了後，拿一支臺灣五金行幾十塊臺幣就買得到的黑色橡皮吸盤噗通噗通兩下，算你便宜點，一百二十塊澳幣（臺幣三張藍色小朋友有找）。喔對，澳洲水電分業，修水管的是plumber，搞電路的是electrician。

不小心把自己鎖在家門外怎麼辦？澳洲消防隊可不會幫你爬窗戶。找鎖匠開鎖，因為怕是惡作劇害他白跑一趟，電話裡得先刷卡付清兩百塊澳幣。開個鎖臺幣五千塊大洋，誰還敢出門不帶鑰匙！多打幾副是個好主意？別忘了，打鑰匙也是專業，打一副就知道，還是管好自己的腦袋記得帶鑰匙比較實在。

澳洲工人收費這麼高，服務應該比較好吧？不好意思喔，人家是專業人士，不是服務業。付錢請的是他的專業，不是他的尊嚴、休息時間與肝。

以裝潢房子為例，在澳洲沒個一年半載別想完成，工程浩大點的弄個幾年都叫正常。澳洲工人是這樣工作的：早上七點前抵達，開始整理工具和材料，因為法規說不能擾人清夢，最早大約七點開始施工，但每個地區的規定可能稍有不同。

工人到達時往往大包小包，除了工具還有冰桶和超大水壺（桶）。冰桶裡裝的是一整天的食物，除了午餐時間，早上十點一刻全員停工來個早茶（morning tea），下午兩點一刻來個午茶（afternoon tea）。我的臺灣魂忍不住了：「等等，你們不是下午三、四點就收工了嗎？喝什麼下午茶？」嘖，這就失禮了，午茶是一定要的啊，收工後當然喝啤酒嘛！

儘管照表休息，澳洲工人對於每個小細節都相當注重，儼然全是藝術家。油漆工人光把窗框與玻璃接縫處用膠帶仔細貼好以免油漆沾上玻璃就貼了大半天，要是房子大窗戶多，很可能光貼膠帶就貼掉好幾天，但是完工後保證每個邊緣轉角都漂亮均勻，而且玻璃上乾乾淨淨全無痕跡。

澳洲法律對於工安有完善且嚴格的規定，確實保障每位工作人員的健康和安全。沒有安全措施？不做。沒有保護工具？不做。使用的材料對身體有害？門都沒有！這些當然都會提高施工成本，但澳洲人覺得是應該的，既然沒有人願意犧牲自己的健康和安全，又憑什麼要別人妥協呢？

憑藉著專業地位、工作時數和待遇，工人在澳洲可是炙手可熱，有錢不見得請得到，沒有提早十天半個月預約更別想見他們一面。還記得某次編輯跟我說公司冷氣壞了全員崩潰上班中，我都還來不及回信表達同情，隔天已經修好了。我滿心感慨地告訴她還好不是在澳洲，炎炎夏日可是冷氣工人的顛峰季節，連裝新冷氣都預約已滿叫不來，誰管你修冷氣哩，等到冬天吧！

這時肯定有人舉手發問：「生意這麼好為什麼不加班？」根據澳洲勞基法，加班費是原本時薪的雙倍，周末還有周末加給。羊毛出在羊身上，技術性行業的收費本來就高，消費者這下得選擇是要熱到崩潰還是讓錢包崩潰。再說，休息時間很重要耶，你願意掏錢人家還考慮要不要賺哩。

澳洲曾經連續四年坐上「幸福指數」最高國家的寶座，很多人羨慕，也很自然地把眼光放在澳洲政府的英明和效率。但這些年下來，我學著跟隨澳洲人的生活步伐、試著享受澳式生活節奏，拋開從前認知的生活方式，卻發現澳洲人覺得自己很幸福的背後，政府的政策和措施只是「果」，而造就這個果的「因」，是澳洲人本身看待工作與生活的價值觀。

澳洲人喜歡說「我們是很 laid-back 的」，意思是很放鬆、很看得開、什麼事都慢慢來（辦正事時，多次氣死習慣效率的臺灣魂），而能擁有這樣的生活態度，正是因為澳洲人對自己的生活和工作很滿意，樂在工作的同時也享受生活，當然覺得自己很幸福。

之所以能夠人人都享受自己的工作，則得歸功於澳洲人對每一種專業的重視與尊重。英文雖然有 worker 一字，但泛指所有「工作的人」，也就是說每樣工作都是一項專業，每個有職業、在工作的人都被稱為 worker。澳洲沒有「工人」這個稱謂，對「工人」也絕不輕視，澳洲人知道，可不是每個人都有本事從事這些工作。裡頭每一項都是技術，每一項都是專業，他們尊重有一技之長的人，也重視每項專業在社會裡不可或缺的地位。

這樣的精神，讓每一種工作都有專業的成分和價值，每個人都可以依照自己的熱情和喜好選擇喜歡的工作，不用考慮是否有高低貴賤之分。抱著這樣的心態工作，澳洲人大可盡情發揮職人精神，讓每一份工作都成為一門藝術，人人都有機會成為該行業的專家，是真正的行行出狀元。當人人看重自己的專業，以自己的專業為傲且樂於精益求精，工作自然快樂，生活自然幸福！

澳洲工人每天收工前，儘管工具和東西隔天上工還要用，一樣會搞得烏煙瘴氣亂七八糟，他們還是會花時間把東西整理得整整齊齊，把環境打掃一遍。若使用到室外的公共空間，也一定把東西收好，走道用吸塵器仔細吸過不露出施工痕跡，才不會影響其他住戶的生活品質和安全。如果穿著工作服進入商場，有的人會特地在進門前撢撢身上的灰塵，把鞋底的泥沙用力刷掉。這些都是出於對自己職業也對別人的尊重，而這樣的尊重反過頭來又會贏得他人的尊敬。

正因為專業不被看輕，使得每個人對自己的工作都抱有一份榮譽感，就有動力要求自己更加精進以捍衛自身專業形象。試想，當一個人做著被社會覺得低下，自己也覺得抬不起頭的工作時，又怎麼會有心情認真做好呢？當然就更沒有心情享受工作、享受生活了。這樣的社會氛圍，當然拉不高人民的幸福指數。

澳洲人對專業的尊重也反映在「信任」上。

第一年剛到澳洲時，有次租屋處的電鈴對講機壞了，房仲約工人來修理的時間竟然是早上六點半，我下巴差點沒掉下來，那可是我剛從被窩裡爬出來，趕著滾出門上班的時間耶，下班後不行嗎？臺灣水電師傅都很有彈性可以約晚上八點的。房仲卻說沒辦法：「他們就是這麼早，下午三點多就收工了，最晚到四點。」那要修理多久？會延誤我上班嗎？「沒關係，妳就出門啊，他修好自己會走。」心裡正想著是否安全，房仲卻一副「不都是這樣嗎」的樣子，讓我也不好意思質疑。私下問澳洲朋友，得到的答案是「Why not」，還有人說：「房仲有鑰匙，太早的話我都繼續睡，讓他們自己開門進來弄。」

即便知道房仲有固定合作的特約電工，行事作業時會特別小心免得砸了長期飯票，但臺灣即使是和業主長期合作，雙方也不見得能做到如此互相信任，畢竟兩邊都怕萬一有個什麼糾紛揮不清就麻煩。澳洲人這種合作模式能行之有年，肯定是建立在雙向信任的深厚基礎上，讓人不得不佩服。

後來的諸多經驗也不斷地驗證了這種澳洲人的互信模式。我住的小公寓總共只四戶人家，除了我們家，其他三戶都是獨居，住戶簡單，彼此熟識並互相照看門戶。時不時會收到某戶的 E-mail 通知大家他約了人來修理東西，修理工人名叫某某，某某有鑰匙會自己開門進來，修完收工會自己鎖門離去，要是見到某某在他家開鎖進出，千萬不要緊張。

我一開始總覺不可思議，這需要多強大的互信基礎啊！但回頭想想，如果我願意信任醫生在打開我的肚皮後，即使沒有我盯著他看，他也會幫我把肚皮原原本本縫好，不偷拿我的心肝腎，那信任專業工人即使無人在場他同樣會把東西修好、歸位、鎖門才離開，不也只是剛好而已嗎？

澳洲人對於專業的尊重和信任，常讓我覺得中華文化博大精深，但真正貫徹「聞道有先後，術業有專攻」的，反而是老笑自己沒文化的澳洲人！澳洲人相信，接受國民教育是為了擁有基礎知識和培養基本文化素養及道德品格，若再往高學歷發展，那是為了鑽研學問，如果對做學問沒有熱情，倒不如學習一技之長，本來就不是每個人都適合吊書袋，無需強求。

也因此，澳洲很多年輕人高中畢業後不急著考大學，而是前往技職學校學習感興趣的專長，把嗜好磨練成專業技能，最後成為職業。志向不明確的孩子同樣不急著讀大學，給自己一年時間四處打工或旅遊，累積生活和工作經驗後，再決定要念大學還是去技職學校。臺灣回不去了的技職教育在澳洲絕對不是學生的次等選擇，更不是沒有選擇的人才去讀，從鎖匠、水電工、建築工人到心理諮商師、翻譯員，還有更多我叫不出名字但對他們的手藝肅然起敬的專業人士，都是在技職學校裡訓練的。

另一方面，澳洲的技職學校還扮演著很重要的「再進修」（further education）功能，在職人士無論本身擁有何種專業或學歷，同樣會前往技職學校進修專業執照或研習課程。以我的專業來說，就算工作經驗再資深、即便手握國家證照和博士學位，若想從事臨床教育，一樣得去技職學校拿「教育訓練」的證書才可以。

澳洲的移民政策嚴格，經常有想為子女超前部署的父母私訊詢問：「希望孩子未來可以移民澳洲，請問建議念什麼科系呢？」答案是工人。

真心不騙，也絕對不是諷刺，很多國家的父母從小推搡著孩子讀書，學歷要高、再高、更高，然後出國深造找機會移民外國，但連續好幾年了，澳洲技術移民的清單上名列前茅的都是「專業技術人士」：磚頭工人、木工、油漆工、水泥工、水管工、電工……這些在臺灣被視為「不念書只能去做工」的「工人」不只年年榜上有名且年薪百萬不成問題，反倒是醫生、牙醫、工程師這些刻板印象中的「高級職業」，今年還有移民機會明年可能就被除名，有的甚至不在名單上。這樣看來，在澳洲，年薪百萬的工人才是人生勝利組呀！

Jackaroo year

和澳洲人閒談之間，經常會聽到他們幫自己或別人分類為城市人（city girls/boys）或鄉下人（country girls/boys）＊，大部分時候這些說法都是方便分類而已，偶爾有點嘲諷但並沒有惡意，城市人和鄉下人間也沒有階級或歧視之意。

澳洲人自我介紹時常說「我是 country girl/boy」，意思是指自己從小在鄉間長大，傳達「初來乍到貴城市請多多指教」的意涵，也簡單帶出自己的成長經歷和城市孩子不同，畢竟澳洲的王老先生隨便有塊地就是幾百公頃，每天睜開眼那紅塵作伴、策馬奔騰的瀟灑日常可不是城市人能夠體會。

以農牧礦立國的澳洲，除了大家熟知的鐵礦和煤礦，至今仍是諸多農產品像大麥、羊毛、牛肉的大宗出口國。根據二〇二一年官方網站的數字顯示，澳洲有五十五%土地和二十五%水資源用於農林漁牧業，只不過土地雖大，大部分國土其實都飽受乾旱之苦，種地畜牧皆不容易。而且占地如此遼闊的農產業，產值其實不到人民所得（GDP）二%，真正投入務農相關產業的就業人口也不到全國人口三%。

隨著時代變遷和城市發展，願意務農的人愈來愈少，儘管部分莊稼可倚靠機器大範圍耕種採收，但像鮮花和果樹都得靠人工小心呵護和採摘，還有大家最愛看的牧羊犬秀，真實生活裡的放牧也得真人真狗實際操作，沒有機器能夠代勞。

有意思的是，雖然現今愈來愈多澳洲孩子是完全沒有農場經驗、吃過豬肉沒看過豬走路的都市俗，但大概打小擁有大片自然資源，也可能是體內祖先的血沒有白流，再加上澳洲曾經紅極一時的真人秀「Farmer Wants A Wife」某種程度展現了農場生活瀟灑桀驁的一面，不少澳洲孩子對農場生活仍心生嚮往。

如是之故，當西方國家的年輕人流行 gap year，高中畢業後先不升學或工作，到處打工或旅遊，看看世界、體驗生活，以助於堅定未來志向時，gap year 到了澳洲，就多出了一個很特別的選項叫做 Jackaroo/Jillaroo year。許多澳洲孩子在十二年級畢業後，會選擇體驗農場

＊偶爾也會視地緣增加其他分類。例如我在的雪梨就有一類叫北區人（north shore girls/boys），獨樹一格的北區媽媽甚至有專屬稱號叫 north shore moms。因為雪梨北岸屬於富人區，這種歸類法就表示那是有錢人，好日子過慣了不知民間疾苦，有點像我們說的天龍國人。

生活做為 gap year，也稱作十三年級（Year 13）。

Jackaroo 是澳洲俚語，字面翻譯是牧場上的菜鳥，由於點名澳洲名產時袋鼠（kangaroo）不可能缺席，若看到什麼什麼 roo 的，百分之百可以肯定和澳洲脫不了關係。Jack 則是男生名，Jill 是女生名，Jack 和 Jill 在老派英式英文裡代表一對青梅竹馬，像是我們的春嬌與志明。

十來歲的孩子們在這一年裡深入體驗農夫生活，種地、畜牧、馴馬、剪羊毛、擠牛（羊）奶……有的孩子過完這一年後可能覺得天啊這就是我想要的生活，留下來成為一位真正的 farmer，如果覺得不是自己的菜也沒關係，總歸是一份相當珍貴的人生經歷。

很慚愧，我在臺灣時就是個徹頭徹尾的天龍國人，到了澳洲還是貫徹 city girl 生活，除了帶孩子玩玩票，對澳洲農場並沒有太多接觸，不料我妹來打工度假那兩年，透過她的現場連線報導，澳洲的農場生活倒是活生生端到了我眼前。

吾妹是個典型熱情有衝勁且少一根筋的牡羊座，想到什麼覺得有趣就衝了。她在豔陽下徒手拔過花田裡的雜草、採過香蕉、殺過魚、宰過什麼我不知道也不想知道。某一天，她突然跟我說有人幫她介紹了一份農場的工作，農場主人說因為農場很遠沒有車能到，他剛好要到雪梨辦事就順便開小飛機來接她一起去。開飛機ㄟ！一聽到有免費私人小飛機可以搭，她立馬就答應了。我聽完腦海裡浮現的卻全是偏僻山區殺人棄屍的社會案件。不准！我才不相信有這種事！太危險了，誰知道他是誰啊？招聘還指名女生，裡頭肯定有貓膩，取消！

吾妹委屈地把姊姊不准的壞消息老實向雇主報告，查理先生一通電話打來，誠懇地說：「我理解妳的顧慮，我明天會到雪梨，我願意親自和妳說明這份工作。」看著我妹那期盼的眼神，我只好勉為其難答應，事後回想起來當時真是鬼拍腦袋了，竟然膽敢就這樣讓陌生人上門。

隔天晚上，白髮白鬍子的查理先生穿著堪稱農場制服的格子衫出現在門口，拿出 iPad 向我介紹他的農場，指著照片一一解釋這裡是種大麥的、小米的，這一桶一桶參天高的鐵桶就是糧倉，還有這是他的羊群、牛群，當然，還有他的小飛機。

查理先生說，這份工作是要帶羊群去放牧，因為農場的土地太過乾旱，沒有足夠的草給羊兒吃，新南威爾斯政府因此畫定了一區公共放牧地，讓農人可以趕羊到那裡去吃草。他目前有一個固定合作的放牧人，但還需要一個幫手，之前以為這種體力活需要男生，但用了幾個後發現他們都不夠有韌性也不夠細心，還是得女生才行。

我就像懷疑每個人都是金光黨的歐巴桑，要求查理先生出示駕照和飛行執照讓我拍照。看著欣然答應的他態度這麼坦然又有誠意，我做了一點小調查（打電話去當地的警局問警長），替吾妹設定好手機定位後，隔幾天她就在小飛機上傳來咧嘴笑的照片了。

透過吾妹這整路的第一手報導，我漸漸明白為什麼查理先生說這工作得找女生。

很多澳洲都市人連聽都沒聽過，或以為已經不存在的放牧（droving）這事兒，基本上就像書上讀到的遊牧民族一樣，一去就是幾個星期幾個月、不著村不著店，吃的是久久補貨一次的乾糧、罐頭和現獵、現殺、現烤的袋鼠與野兔，喝的是事先買好的瓶裝水，平常解手當然是隨地方便就好，洗澡則要碰到有人家的地方借用廁所才有得洗，而那大概是幾個星期一次的事。正因為這樣，偏遠地區的農家雖然各自相隔可能都是幾十幾百里之遙，卻個個心地質樸、互相幫助，誰路過來借水借宿都是熱情相待。

一路上，除了放羊還得照顧羊，每天早上和牧羊犬合作把羊趕去吃草，晚上得親自動手拉電網把羊兒圈好，必要時還得出來獵殺想偷吃羊的狐狸（澳洲沒有狼）。有時走著走著，羊掉進大排水溝裡了，得充當救生員跳下去救羊；再走著走著，羊媽媽要生羊寶寶了，又得變身助產婆上場接生。

之前的小伙子不是胡亂應付一通就是做不了多久受不了跑掉，多虧了吾妹那牡羊性格，她在完成這份工作後得到當地所有人的尊敬，成了他們看過最勤懇負責的人，還是個女孩兒，不可思議！那區的人統統知道這個能把牧羊工作做得比澳洲人還好的是個臺灣女孩，標準為國爭光。

查理先生最後多算了點薪水給我妹，說這是她應得的，而在放牧途中他們經常借洗澡蹭飯的一戶人家，老先生老太太簡直把她當成親生女兒差點沒收養她讓她移民澳洲。她牧完羊後甚至還在人家家裡待了好一段時間，夫妻倆帶著她到處去玩，逢人就介紹一輪她的事蹟。

直到現在這麼多年了，每逢過年過節生日的就給她往臺灣整箱整箱的寄禮物和現金，禮物都是兩老平常看到什麼好的中意的就買下，現金則要女兒自己去買點好吃好穿的。愛屋及烏，連素未謀面的我聖誕節都一定會收到他們的禮物，時不時寄明信片、地圖、景點介紹來等我們什麼時候有時間去玩，連房間都準備好了！

由於路途遙遠，目前一直沒能成行，他們卻三不五時心血來潮就新添家私只希望我們有朝一日去時一切舒適。其實老夫妻的生活並不寬裕，澳洲真正賺錢的「農人」就是幾家大型經營的企業，其他大部分都是典型的農民，長年為乾旱所苦，被財團壓低收購價錢，勉強湊合著過日子。但他們心地善良、誠實厚道，對誰都是一片赤誠真心，生活裡有著簡單平凡的快樂，且樂於和身邊的人分享。他們熱愛自己的生活，不嚮往燈紅酒綠的繁華，擁擠的大城市會讓他們焦慮。

隨著氣候變遷、農業人口流失、財團大量收購壓低收購價、國際情勢……等問題，澳洲農產業面臨許多挑戰，更糟糕的是，這些問題還沒解決，二〇二〇年 COVID-19 疫情一來，首當其衝的又是農林漁牧。

原本仰賴的打工度假短期人力這下子全都進不了澳洲，農民們在記者採訪時無奈表示沒有人力採摘的鮮花水果只能在樹上擺爛，即使是疫情稍緩國內旅遊可以成行，但玩票性質的國內觀光客採幾籃草莓蘋果櫻桃水蜜桃可謂杯水車薪。

儘管農民大聲呼籲，如果有人因為疫情而失業，歡迎到農場幫忙，過慣城市生活細皮白肉的 city girls/boys 寧可在社會福利部門（Centrelink）外頭排隊幾小時申請補助金，對鏡頭批評政府救助不力，也不願意下鄉勞動。

當雪梨所處的新南威爾斯州政府宣布因為疫情嚴峻必須暫停所有建築工程時，很多人開著卡車堵住雪梨街頭示威抗議，沒多久又有人因為反對封城和戴口罩的政策走上街頭。這時的澳洲農民，一如既往的在遠方默默忍受著輪流侵襲的乾旱、森林大火、水災，安靜質樸、與世無爭，我卻總覺得他們值得更多注視。

吾妹難能的 Jillaroo 經歷連我身邊的城市澳洲人都沒聽過，更不是假期農場旅行團體驗得到，但在傳統澳洲人的眼裡，Jackaroo year 就像臺灣小孩去國外遊學一樣是件稀鬆平常且相當鼓勵孩子去做的事，可惜如今很多城市父母不這麼想，眾多移民家庭可能根本沒聽過，聽了也往往像當初的我一樣有許多擔心，因為不普及的關係，漸漸地這樣的機會也愈來愈難尋了，我覺得非常可惜。

澳洲政府和教育單位這幾年致力於推廣食安和農產教育，我天真地認為，或許把 Jackaroo year 變成必修或選修，從小在孩子的心裡種下草原的種子，對他們看待這片土地和勞作農人的心境和眼界想必會有源遠流長的影響，未來這些孩子若有機會走進商界、走進國會，就能懂得為農民做出更公平體貼的規畫。

雙周光族

「這星期是發薪周嗎？」（Is this week the pay week?）澳洲辦公室裡可能沒有人問要不要訂便當和珍奶，上述問句出現的頻率卻很高。

第一次聽到同事這麼問時我完全摸不著頭緒，後來才知道原來這就像問「今天是發薪日嗎」一樣，不同的是，澳洲的薪水每兩星期發一次，腦子不好使的澳洲人經常搞混到底是這星期發薪水還是上星期剛發過。

是的，大部分澳洲公司都是每兩星期發一次薪水，every fortnightly，超級神祕。fortnight這個單字在臺灣時很少用到好像也沒學過（好吧可能有但還給老師了），來到澳洲才因為發薪水學了新單字，果然讀萬卷書不如行萬里路。

少數澳洲公司會發月薪或周薪，例如短期工或薪資較低的工作就常常每星期都發。畢竟短期工可能只做一星期甚至幾天，每周結算比較方便。薪資較低的工作得快點發薪水則是怕員工等錢用。澳洲的公家單位是兩星期發一次薪水，私人行號老闆可以自己決定要怎樣發，最長不能超過一個月，所以不能一季發一次或半年才發一次薪水。

每星期發薪水對員工來說比較好運用，口袋比較能常保有錢，對雇主來說就比較麻煩，等於每個星期都要結算一次。澳洲發薪水除了得計算時薪，還有其他拉拉雜雜的稅和退休金要納入計算，要是公司大、員工人數多，每結算一次薪水都是個大工程，會用掉很多人資或會計的時間，以公司立場來說不划算，加上一星期的結束不見得是一個月的結束，和公司其他大多以月計的項目或預算彼此之間很難配合。月結對公司來說最省時省力，但澳洲人可等不了那麼久，折衷下來，每兩星期發一次薪水成了主流，大家各讓一步，相忍為錢吧。

至於為什麼經常有人問這星期是不是發薪周呢？很簡單，因為錢用完了。問什麼時候發薪水不特別，嚇到我的是問問題的人不是在等薪水花的年輕人，很多年紀很大、有小孩的「成熟人士」一樣被薪水追著跑。他們會說：「這星期是發薪周？喔，謝天謝地，我的銀行帳戶只剩下幾十塊了。」

漸漸地我發現，澳洲人不論男女老少，很多人都是把錢花得剛剛好光光，就等著薪水進來接力，他們不是月光族，是標準的雙周光族。

另一方面，澳洲有很多人的工作性質是兼職或臨時／派遣類，薪水是算時薪，必須在截止日前將工作時數表交給人資結算才來得及於當周領到薪水。要是不巧薪水入帳那天或發薪周遇到國定假日，尤其像復活節、聖誕節和跨年一放好幾天，一個沒算好，很可能就會開天窗甚至斷糧。

公司為了避免員工大吵大鬧或餓肚子，往往都會提早結算薪水。反正就是能早不能晚、能多不能少，因為每一分錢都可能是救命錢。澳洲因此有很多專做個人小額信貸的生意，甚至連當鋪都提供「Pay Day Loan」服務，顧名思義「花光了在等發薪日貸款」，算是江湖救急，防跳樓專案。

確實，澳洲人不太有理財觀念自然也是大有干係，而這可能是因為他們對國民的數學素質要求不高，成年人能做簡單的加減已經很好（真的很多人連加減都有困難），缺乏計算邏輯之下，就算手拿計算機都有可能不知從何按起。不難想見，既對數字沒有概念，要談理財談何容易。這樣的澳洲人當然也沒有讀商業、財經專刊之類吸收理財知識的風氣，或許連最簡單的怎麼規畫收支平衡都毫無頭緒。若是有錢可管的，一般會交給財務專員（financial planner）或會計師（accountant）處理。

偏偏呢，澳洲人相當捨得花錢、對生活品質很有要求，可以不存錢但固定和朋友去喝幾杯不能省、平時娛樂消遣和放假出門旅遊也不能少。買東西時，本著對誠實交易的信任和天生隨興，澳洲人不太會貨比三家，普遍覺得一分錢一分貨。日常小東西或消耗品就算了，對於工具、日用品、家具這些經常且長時間使用的生活物品，他們相當願意多花一點錢買品質。「Buy cheap buy twice」是澳洲人很愛說的話，意思是說便宜的東西不耐用，很快就壞掉又要再買新的，言下之意就是不如一開始就買好一點的。至於「好一點」會不會讓自己的口袋見底或穿洞，啊不好意思澳洲人沒想這麼多。

大人沒有理財習慣自然也不會教小孩，亞洲國家談論教養問題時一定會囊括且談得風風火火的「從小教孩子理財」，澳洲壓根沒聽過，小孩成年後因此有很高的機率複製父母捉襟見肘的日子。

雙周光族引領一代風騷的澳洲，很多人連一丁點存款都無，不難理解當COVID-19疫情蔓延，各行各業開始停工甚至必須裁員時造成的影響有多大，突然的失業讓很多人在一夜間生計陷入困境。

澳洲物價高，生活費裡最大宗的支出要算是房租。二〇一九年的官方統計，澳洲有三十二%約兩百六十萬的人口是租屋族，澳洲房租以周計，以雪梨來說，兩房公寓約五百塊澳幣，居住區和房子狀況有差，而且可以差很多，同樣是兩房也可能一星期高達上千澳幣。

就算以五百塊澳幣計算，一個月光是房租就要支出兩千塊澳幣。薪水既是兩星期發一次，房租同樣是兩星期繳一次，其他開銷可以省吃儉用，少喝幾杯咖啡、少去幾次酒吧，房租可無法討價還價，沒有工作就繳不出房租，可能連住的地方都沒有。在現金紓困方案出來且入帳之前，澳洲政府因此先行祭出「疫情期間房東不可以把沒付房租的房客掃地出門」的條款，至於怎麼證明房客真的有困難還是擺爛，以及房東沒有房租的收入怎麼付貸款，那是別的故事了。

雖然澳洲人的理財觀很不怎樣，金錢觀倒是滿開放的。

我們都常聽說美國人、英國人不愛談錢，尤其是薪水絕對不可以問，是天大的冒犯。在討論「和錢相關」的議題上，我覺得澳洲人沒有傳說中西方人的扭捏和故作神祕，很符合他們「什麼都能聊的隔壁憨直鄰居」形象。

朋友和同事間經常談論啊我買這個多少錢、在哪裡買便宜有折扣還有回饋，或是天啊你知道這個花了我多少多少錢嗎超貴的。就算是不熟甚至不認識的人，澳洲人也不會避諱地直接開口，哎呀這個在哪買的？貴嗎？或是唷指甲做得真美，在哪做的？貴嗎？問的人可能不會主動問多少錢，但回答的人經常不介意主動告知。

他們很愛用 bucks（幾塊錢）和 grands（幾千塊）。很愛稱讚人的澳洲人會說：「哎呀你這條圍巾真美，看起來很溫暖的樣子。」對方往往回答：「喔，謝謝，這條真的很溫暖，我在××店折扣買的，才 20 bucks！」或「吼，2 grand，要破產了。」討論內容可從菜價、日用品、家電、學費到房價。

隱形的底線固然存在，像是針對個人實際收入數目就太敏感，就算是亞洲人也不會這麼問，不過哪個工作開出多少薪水、時薪怎樣這類的話家常一下倒是沒關係。很多求才廣告也都直接打上時薪或年薪多少，應徵者在履歷或面試裡也會詢問薪水，甚至直接言明想要多少薪水，公開透明。

其實不只是錢，很多文化中不能談或要隱晦談論的話題，諸如工作、住哪裡、婚姻狀況、有沒有小孩、小孩讀什麼學校、念什麼科系等，之所以成為禁忌是因為繞來繞去很可能又繞到錢上頭。不過澳洲人就是愛講嘛，這些當然都可以拿出來講。

澳洲人會大剌剌開口：「請問你做什麼賴以維生？」（What do you do for a living?）像我們這種外國人最常被問的就是「Where are you from?」，若不確定你是不是移民第二代就問：「你的原生背景是什麼？」（What's your background?/ Where are you originally from?）

身為曾經的大英子民，假鬼假怪的禮貌澳洲人當然也有，可能會在這些問題之前多加一句：「如果我問這個你會介意嗎？」（Do you mind if I ask...）結局通常就是你都問了誰還介意，不介意不介意，來聊吧。如果真的碰上介意的，被問的人會自己轉話題，身為曾經的女王臣民，澳洲人自然也相當識相。

我很喜歡澳洲人這種接地氣的價值觀，算是不低調也不刻意的哭窮與炫富，對話和相處起來都沒什麼壓力。

這些年隨著移民人數上升讓澳洲人口組成日漸多樣，文化也悄悄地移換著，再加上年輕人的心態趨向開放，什麼都可以拿出來討論。

想想其實是件好事，我常看著年輕世代吱吱喳喳討論什麼東西多少錢、怎麼省錢、怎麼花錢、怎麼賺錢、做什麼工作薪水怎樣，偶爾一兩個比較有理財觀的跳出來分享儲蓄或投資小撇步，愈看愈覺得澳洲年輕人還挺有希望的，家庭教不了的朋友可以互通有無，加上網路資訊的加持，衷心祝福下一代澳洲人早日擺脫雙周光族。

心臟要很強的房屋拍賣

根據澳洲政府二〇二一年釋出的官方統計，目前澳洲有三十一%的人是租屋族，六十七%的人擁有自住宅——其中三十二%沒有貸款，三十五%還在貸款下殘喘——剩下的一%狀況不明。雖然有屋族的比例相較以往稍稍下滑，但占比仍然算高，澳洲的房屋買賣市場過去幾十年可謂愈發蓬勃。

身為第一代移民，落地就算生不了根至少也要有個殼，給流浪的臺灣魂一個安身之所，偏偏澳洲人賣房子以房屋拍賣（auction）為主流，幾乎所有放上市場的房子都是透過拍賣的方式出售，也成了我在澳洲這麼多年少數仍難接受的「文化」。

這裡說的房屋拍賣不是指臺灣的法拍屋，就是單純的賣房子。澳洲人賣房子不標個價錢銀貨兩訖童叟無欺好好賣，偏要搞成蘇富比拍賣會。對，就是競標的人舉手加價，站在臺上的人拿根小棒槌：「一千萬、一千萬，這位小姐出一千萬，有沒有比一千萬更高的？一千兩百萬，來，這邊一千兩百萬。一千五、一千五，這位先生出兩千萬……兩千兩百萬、兩千四百萬！兩千四百萬第一次、兩千四百萬第二次，還有沒有、還有沒有？謝謝，這邊出價三千萬……」別以為隨便一個夜市叫賣哥就有資格拿小棒槌，人家可是受過專業訓練的專業拍賣員（auctioneer），我想他們的職缺敘述應該是「炒熱氣氛、炒高價錢，成交價沒有最高只有更高」。

注重誠信的澳洲人平常買東西是不講價的，相信賣家會誠實開價，有賺但不削，人家也要吃飯養家繳房貸，只要不過分，賺一點實屬正常，還價既表示看不起賣家的東西，也表示質疑賣家的誠信，有些澳洲老闆甚至會當場翻臉。

澳洲某家規模滿大的連鎖電器行電視廣告明目張膽主打「每樣東西都可以殺價」（everything is negotiable）——大老闆不出所料的是亞裔移民，但幾十年過去，還是沒能讓澳洲人習慣討價還價。很多人看看標價再看看自己的口袋，付得起就買了，根本不會問「可不可以便宜點」，最後反而是店員自動給予折扣，卻也讓澳洲人覺得很不習慣。如果可以用這個價錢賣給我，怎麼不一開始就標這個價錢呢？那我怎麼知道什麼價錢才合理？彷彿店裡每一張價格標示牌上都用隱形筆寫著「啊哈你被坑了」。

奇怪的是，買東西靠誠信、喜歡一口價的澳洲人，面對買房這種大事，竟然接受不知道底價在哪裡且沒有上限的喊價拍賣。房屋拍賣偶爾會有起標價，但多半是放手讓競標者自己喊開門價，不變的是都沒有上限，看誰要當冤大頭。拍賣前看房子時若問仲介大概想賣多少，多半換來「嗯，大概在圈圈和叉叉之間」的支支吾吾，「圈圈和叉叉」也通常是讓你聽後真的覺得很圈圈叉叉的荒謬數字，反正拍賣房屋這件事本身就很荒謬。

由於牽涉的條文法規又多又雜，加上地廣人稀，資訊流通不夠發達，在澳洲若想買賣房屋，可不是電線桿一貼或路邊插一塊招牌就了事，澳洲人向來習慣交給專業的來，從廣告曝光到最後簽約，地產仲介提供一條龍式服務，屋主完全不用出面。

天底下沒有白用的小幫手，澳洲仲介抽佣以賣價的二．五％起跳，依照物業和配合方式也可能提高到六％、八％甚至十二％，也有那種賣得愈高抽成愈高的契約，鞭策仲介用力為房子賣出高價。

近年開始出現統合相關服務的平臺，賣家可以透過網路或電話諮詢選擇自己想要的廣告、開放看屋、議價、簽約等方式，用買套裝行程的模式使用多少服務付多少錢，打著可以省下仲介佣金的名目，招攬業主自己的房子自己賣。雖然有愈來愈多的人願意嘗試這類平臺，目前澳洲的房屋買賣市場仍由房屋仲介獨霸。

房屋拍賣怎樣進行呢？如果屋主和仲介決定要拍賣某間房子，廣告上就會放出 Auction 的字樣，通常也就在房子外面當場進行（on site）。如果是公寓，拍賣會移師別處，由於少了那種眼睜睜看著夢幻小屋將被別人標走、手心流汗腳趾抓地的急迫感，效果往往也沒那麼好。

拍賣日期前，每星期會有一到兩次公開看房時間，有時也接受另外約時間看房。有興趣的買家要做實名登記競標以避免有人來亂，或是仲介和屋主找臨時演員來喊價把價格推高，假投標人（dummy bidders）是違法的。

拍賣當天，你會親臨文章開頭形容的叫價現場，除了登記競標的潛在買家還有不少圍觀的吃瓜群眾，現任屋主則多半躲在房子裡捏著手帕揪著心聽外面喊價。

短時間內要下決定加價的壓力很容易讓人失去理智，喊出事後覺得自己被鬼牽去的高價，雖然一般買賣房產有五天冷靜期（cooling-off period），期間買賣雙方都可以反悔不買或不賣，但用拍賣方式賣出去的房子沒有冷靜期，現場就要交換合約並支付十％訂金，這雖然是為了保障賣家，卻也成了拍賣房屋另一荒謬之處。如果不小心喊到一個自己付不出來的價錢怎麼辦？那十％訂金就當作彌補賣家空歡喜一場的補償金囉。

網路上就能查到每個州甚至每個區每星期的拍賣成交率（auction clearance rate），通常都高達八十％、九十％，甚至百分之百，給人一種房屋拍賣很好賣的錯覺，其實背後是有套路的。

拍賣前，屋主和仲介通常會說好一個沒達標就不賣的底價，要是喊價低於底價就算流標，流標後就不能再次進行拍賣，必須以私下議價的方式賣出，而且必須依照政府規定的「如果該物業流標，依法必須公告流標價」。這樣一來，其他人就可以大概估計底價，又因為流標，潛在買家會覺得不值這個價錢，因此流標的房子最後賣出的價格通常都比當場喊出的最高價還低，屋主和仲介都會少賺，仲介的名聲也受影響。

基於此番避免流標的考量，如果看屋或登記競標者不多，屋主和仲介往往偏好在拍賣日前私下議價，免得拍賣現場太冷清、競標者不多，反而拉低價值，導致最後真正上場拍賣的，一般來說都是很搶手、有信心會讓買家搶破頭同時不小心喊出見鬼高價的房子，也因此造成了房屋拍賣出清率很高、很好賣的假象。

如果拍賣結束最後喊出的價格賣家不滿意是不是一定流標呢？那就是一場心理戰了。扮演媒人婆一角的仲介會一副很無奈的樣子對出到最高價的買家說：「這還不到賣家的底價，你能不能加一點，等我進去跟他們溝通，說服他們用這個價錢賣給你。」過一會兒出來說：「屋主很傷心，這裡有他們布拉布拉布拉的回憶和故事，屋主在哭了，是不是能再多加點？」當場總複習媽媽一邊嫌衣服料子不好一邊和菜市場攤販拚氣勢拚決心的諜對諜戲碼，看哪邊心意堅定，兩邊都在賭對方是非賣不可還是非買不可。

其實成交價多個幾千塊幾萬塊對仲介的佣金來說並沒有很大差別，他們比較想趕快賣出去，不然看房和議價等等全部都要再來一次，等於拖累到經手下一個物業的時間，可能還因此少賺一票，所以仲介多少也會給屋主「這樣很好了，不太可能會再高」之類的壓力。

就這樣一個躲在屋子裡，一個在外面假裝隨時拿包包走人，一來一往迴旋試探，由於有些買家無法親自到場，或怕自己現場失心瘋或心臟不夠大顆，因此也出現了「代競標仲介」這個工作，荒謬無極限。

另一方面，拍賣最怕碰上不知道行情的人，一般澳洲人對市價大約有個譜，拍賣只是利用人心潛藏的競爭心態，把價錢在市場行情的範圍裡稍微推高一點而已，不會太離譜，澳洲整體房價仍維持在合理界線內。不幸的是，澳洲政府為了鼓勵海外投資客前來投資和經商，自二〇〇八年底起大幅降低外國人的置產門檻。本來澳洲的房價和其他英語系已發展國家相比並不算高，政策開放後亂象叢生，很多口袋很深的海外投資客不照規矩違法置產且以價取勝，不看市場行情有錢就是任性，大爺想買大爺花得起槌子給我敲下去就是了，澳洲房市自此一路飆升。

從前的澳洲房價符合人民所得，認認真真工作幾年就可以存到頭期款，不用貸款太多甚至不用貸款就能晉升有房一族，自從傳說中會帶著整箱現金到拍賣現場競標的投資客出現後，房價一路猛飆，有的地區不只翻倍，而是三倍、五倍甚至更多倍地上漲，副作用就是一般澳洲人連頭期款都拿不出來，無殼蝸牛愈來愈多。

為了緩解年輕人無法成家的問題，澳洲政府祭出不少幫助買房的政策，像是首購族由政府補助頭期款，無奈房價高到貸款付不出來，頭期款補助也發揮不了太大作用，再加上澳洲房租很貴，買不起房子只好租房子，薪水都貢獻給了房東，離買房首付更是遙遙無期，形成惡性循環。建商則為了多賺，到處收購原本的平房改建成公寓或高樓。

總之，澳洲人不但買不起房子，連傳統的生活形態都為之改變。離譜的房價和衍生而出的亂象已然成為民間抨擊、澳洲政府頭大的社會問題，即使政府從二〇一五年有心收緊政策並要求負責單位嚴格審核海外投資客的買房資格，恨天高的房價依然是回不去了。

自從澳洲房價失控後，愈來愈多澳洲人不喜歡漫天喊價的房屋拍賣，無奈這種賣屋法對業主仍然深具吸引力。畢竟現場拍賣營造的迫切感讓原本可能拖上好幾個月的開放看房和來回議價在短短半小時內就解決，槌子敲下去的那刻十％訂金同時入袋，還可以當場在門口廣告看板上親手貼上大大的「ＳＯＬＤ」，更別提說不準哪個乾爹乾媽一衝動就喊出了讓人在心裡尖叫到內傷的高價。

買房子是大事，買的人天人交戰、腦細胞和錢包一次就雙雙少了幾百幾千萬，但看人家買房就是種娛樂了。來到澳洲，覺得雪梨歌劇院的票太貴或買不到沒關係，上網找一間這周末舉行拍賣的房子，親臨現場感受一下拍賣氛圍。蘇富比的十二生肖銅首拍賣現場咱們固然進不去，看看澳洲人咬指甲滿肚子蝴蝶鬥智鬥勇的樣子，順便欣賞專業拍賣員炒氣氛的功力和連珠砲叫價的快嘴，也不失為一場體驗風俗民情的另類觀光。

什麼都醫的澳洲ＧＰ

人在江湖飄，沒事別挨刀，傷風感冒小病大痛卻免不了，身在異鄉，更是格外淒涼。此時若再加上對當地醫療系統和制度不熟悉，連看醫生都不得其門而入，最想念的往往不是巷口的廣東粥，也不是伴侶的噓寒問暖，而是臺灣便利的醫療和包山包海的健保。

在臺灣看醫生我們習慣頭痛醫頭、腳痛醫腳，依照病情症狀自己選掛骨科、腸胃科、心臟科等專科。但在澳洲看醫生，不管哪裡痛哪裡癢，從〇歲到一百歲都要先找類似臺灣家醫科的一般科醫生（general practitioner，簡稱ＧＰ＊）檢查和治療。

＊很多人把ＧＰ和ＪＰ搞混，ＧＰ是醫生，ＪＰ則是太平紳士。太平紳士最重要的功能就是幫忙簽署和認證文件，因為聽起來和看起來都很像，很多留學生和新移民大錯亂，跑到診所找ＧＰ簽文件，或是到學校圖書館找ＪＰ看病。

澳洲的GP就和所有傳說中的西方國家醫生一樣。阿彌陀佛，發燒了嗎？多喝水，好好睡一覺。喉嚨痛嗎？多喝水，好好睡一覺。流鼻水嗎？多喝水，好好睡一覺。頭痛嗎？吃顆普拿疼，好好睡一覺。反正一睡天下無病痛，看什麼醫生？好好睡一覺就是了，阿門。

值得岔題一提的是，隨著過去幾十年澳洲移民政策的開放，突然躍升的移民人口可不吃這套，愈來愈多醫生為了迎合不同的「看病文化」，大撒抗生素糖給愛吵的病人吃，因為在很多人心裡，能開出花花綠綠的藥或是能夠最快把症狀壓下來的就是好醫生，管他有沒有細菌感染？至於抗生素濫用帶來的抗藥性和超級細菌，這些人要嘛嗤之以鼻視為天方夜譚，要嘛心存僥倖，認為應該不會發生在自己身上。

總之，基本上走佛系路線的澳洲GP只有在覺得非常必要或自己真的無法處理時，才會幫病人寫信轉診去看專科醫生，也一定要有這份通關牒文，病人才能去專科醫生預約。

覺得專科醫生才夠力非專科醫生不可？「每次都請GP寫轉診信就好了嘛！」好好好，好好等著吧。澳洲GP預約平均等待時間約莫一到兩天（這是指大城市，小一點的地方一個星期就算快），專科醫生則以月計，排到一年甚至幾年後都算家常便飯。

都市傳說總盛傳某某人終於朝聖到專科醫生時病情已經惡化到不可收拾，從癌症初期進展到了末期，這種在臺灣可能要吵國賠的事在澳洲卻再正常不過，運氣不好嘛。運氣好的話，還沒到和醫生預約那天病已經好了，也算是澳洲專科醫生替我們上的第一堂課：不要小看身體的自癒能力。

相較於GP什麼都醫、老少咸宜，澳洲專科醫生分工極為精細。每位專科醫生的養成都經過冗長且嚴格的訓練，各有自己專精的身體部位、系統或疾病，基於尊重專業（當然也是不想自砸招牌），病人若併發非自己管轄範圍內的問題，一定盡轉診之力再轉介給其他專科。

我的工作內容包括負責職業傷害案件，攤開資料夾，每位因公受傷的員工都有厚厚一疊不同專科醫生或治療師的紀錄和報告。例如某維修工人不小心被金屬架夾斷手，在急診做完初步檢查和處理後便轉診給手外科專科醫生，不過在那之前要先拿轉介單去檢驗中心安排超音波、X光、電腦斷層、核磁共振等檢查——這些檢查將由不同的專門檢驗師執行——報告再送交影像或放射專科醫生判定檢查結果和做出診斷，最後再匯報給專科醫生，讓專科醫生依據報告裡的診斷和建議進行治療或手術。

由於該工人後續又發現手指骨頭也有受傷，但原本開刀的手外科醫生專精手掌、手腕和手肘創傷，要處理手指的問題必須轉診給手指外科專科醫生，意謂所有檢查流程統統得再跑一次。這還沒完，手術後得前往手治療師（Hand Therapist）做復健、定期去手外科專科醫生複診、偶爾去心理諮商師那裡聊聊因公受傷的心理壓力，整體狀況又得再回到GP那邊追蹤，完完全全就是巡迴演唱會的節奏。

專科醫生因為專業領域分類細微，數量相對稀少。物既然以稀為貴，費用當然也很貴，再加上澳洲腹地廣大但人口分散，有時要找某個特別專科簡直如大海撈針。

吾兒六個月大時因為呼吸有點問題，小兒專科醫生想幫他安排內視鏡檢查，但六個月大屬於「嬰兒」，非得找嬰兒專科耳鼻喉科醫生不可。小兒科醫生敲了敲電腦鍵盤，轉頭對我說：「全新南威爾斯州只有兩位可以做嬰兒內視鏡的小兒耳鼻喉專科醫生，一個退休了，另一個至少要一年半後才預約得到。」

她看看我，又看看推車裡因為呼吸不順以仰頭九十度睡姿熟睡的嬰兒本人，也不知道是安慰我還是安慰自己地幽幽說：「但兩年後他又不算嬰兒了，要改約小兒耳鼻喉專科，重約可能又要再等。還好他的症狀好像還不嚴重，不然我們觀察看看，或許他自己會好？」澳洲人樂不樂天我不知道，知命是一定有的。

細膩分工的好處是每位專科醫生都是萬中選一，缺點是醫生之間倚靠會診報告溝通，另外一位醫生要等到病人回診時才會讀到前一位醫生的報告，有時會出現治療時機延宕的狀況。又由於每位醫生都只專注在一樣東西上，彷彿病人不再是一個完整的人，反而被切成不同的部位和身體系統，當病人本身有比較多問題或慢性病同時存在時，做出的決定可能不夠全面和詳盡。加上病人得來回奔波於各個專科醫生之間，光是等待預約和請假看醫生就累掉半條命，對於英語非母語的外來移民更是一大挑戰。要是病人沒有繼續回診追蹤，往往丟失在錯綜複雜的醫療體系裡，是生是死都沒人知道，整個醫療系統就是一間禪修大院。

大家或多或少都聽過幾則發生在所謂繁榮進步西方大國裡的醫療不人性故事，第一次聽往往很驚訝，多聽幾次就不新鮮。但或許我們沒有想過，臺灣這樣一個小島，醫療資源卻如此豐富充沛，其實才是「異類」，其他國家的不方便只是實際反映了醫療資源的珍貴本質。

培養專業人員需要多年嚴格扎實的訓練，不只要有縝密的心思、熟練的技術，還要有超凡的抗壓性，醫療工作中的一個小動作可能就是一條人命。就算是用過一次就丟的醫療耗材，從設計、開發、研究、製造、包裝、運送、儲存，都需要經過重重關卡，一再確認可用性、安全性、耐用性、人體相容性，更別提醫療分配和取得的布局以及相關政策。

COVID-19 疫情成為各國醫療能量和制度的現形記，在各大國紛紛陷入口罩荒、隔離衣荒、手套荒、醫用洗手液清潔液、醫用耗材荒，廠商漫天喊價，醫院落得和老百姓搶資源時，臺灣卻在短時間內就穩定了供應鏈，保證了貨源、貨量、價錢和公平分配。許多人覺得做得還不夠好，在其他國家看來已是不可能發生的奇蹟。

珍惜醫療資源說來是廉價的老生常談，甚至被嫌假道學，但看見臺灣的「特別」，不濫用、不傲嬌，並對享有的豐富醫療資源抱持最基本的尊重，人人都做得到。

健康保險絕對是一門學問

承前文，在澳洲看醫生儼然是一場比耐力也比誰命硬的考驗，走出診療間那一刻彷彿解鎖人生成就，此去且行且珍重一定會愈來愈好……ㄟㄟㄟ，先生／小姐，請留步，還沒付錢。

命運的風譎雲詭從來就不會那麼輕易放過你，澳洲雖然有健保，但不見得所有醫生都加入健保，而且每個醫生都能自由定價，徹底展現澳洲大草原的不羈和資本主義的自由市場經濟。

加入健保的醫生，收費依照健保給付標準，每次看診直接刷健保卡，沒有掛號費也沒有部分負擔，這樣的醫生或診所稱為 bulk billing。未加入健保的醫生，收費自訂，健保針對不同科別和治療項目提供一筆固定的補助，看診後得自行向健保局請款，不足的差額則從自己的錢包裡拿出來，澳洲人給了它一個很傳神的名字：out of pocket cost，掏口袋。

覺得很矇？讓我舉個例。以GP簡單諮詢費來說，健保給付澳幣六十塊，有加入健保的醫生直接刷完健保卡就會放你出門；沒有健保的醫生自訂收費澳幣九十五塊，看診時你得先付九十五塊，之後再向健保局申請退費六十塊，差額的三十五塊就是自費的部分，請從自己口袋裡掏。

有時一間診所好幾位醫生駐診，每位醫生都可以自行決定要不要加入健保、要收多少錢；也有十六歲以下兒童全額健保，十六歲以上要付差額的診所；或是本來有參加健保後來又不想參加，舊病人可以照健保價不額外收費，新病人就要掏口袋的診所。反正在澳洲看醫生如果不想掏口袋，或是想先掂掂自己的口袋夠不夠，約診前一定要先問清楚是不是 bulk billing、收費多少，以及怎麼算。

那麼專科醫生呢？收費高但補助極少，簡單諮詢隨便就是澳幣一、兩百塊起跳。臺灣是健保負擔多數民眾部分負擔，澳洲剛好相反，民眾負擔多數健保部分負擔。除非真的很需要，不然大家都是GP湊合看看、藥房買點藥、回家睡一覺就算了事。

我起先實在想不透，既隨興數學又不好的澳洲人怎能忍受如此雜亂無章、看個醫生還要做計算題的制度，後來終於體悟隨興的最高境界就是飛沙風中轉，以不變應萬變，你怎麼搞我都怎麼好就是了。

可能有人好奇，收費那麼貴，沒健保的醫生有人要去看嗎？

當然會！大概就像阿嬤生病或氣不順時一定要特定廟宇的香灰才夠力，古早年代的澳洲醫生，前院插根「surgery」小燈柱，診所就是自己家，附近居民自然都是他／她的轄區。早年交通不便不常遷徙，同個醫生真的一看就是一輩子，名副其實的「家庭」醫生，現在偶爾也還是會看到在家開業的家庭醫生。

我一開始看到「surgery」牌子著實疑惑，這種住家單位可以動手術？後來才知道那是因為以前方圓百里可能就這麼一位醫生，就像臺灣的離島醫生，外傷、內傷、心碎都找他／她，surgery 的意思是說可以處理簡單外傷或小縫合，院裡的小燈大概是怕半夜火拚完眾裡尋他不著特地為你點盞光明燈。

正因如此，即便到了今日，有些澳洲人還是習慣固定跟一個家庭醫生，好處是所有家庭成員從小到大都由同一個醫生看病，醫生對於家庭狀況和每個人的健康狀況都很清楚，診斷、治療和安排轉診時較為全面和連貫之外，還能同時考慮到其他成員的情況。對澳洲人來說，這樣的醫病關係建立在信任、感情和習慣上，有沒有健保、要掏多少口袋也就不是那麼重要了。

另一方面，澳洲健保的出發點在於保障人民「活」的權利，當生命或健康受到威脅時，每位澳洲國民都應該有接受基本醫療的權利，因此除了全健保的醫生，澳洲公立醫院的一切費用，健保統統都包，沒有掛號費也沒有部分負擔。只要踏進公立醫院大門，從茶水間的咖啡茶包到廁所裡的衛生紙都由納稅人買單，藉此保障每一個澳洲人都能得到必須的醫療照護，即使身無分文。

不難想像，每年健保、公立醫院和機構的花費成了一項非常龐大的財政負擔，一些看不見的地方也容易出現醫療資源的浪費。過去幾年澳洲內部一直有聲音要把醫療系統改成美式，把公立醫院私人化，以及酌收部分負擔和診所掛號費等，希望將小錢累積成大錢，讓政府有更多銀彈提高醫療品質。

乍聽好像有道理，但這樣一來，健保負擔減輕了沒錯，好萊塢電影裡因為沒有私人健康保險而病死路邊、在疼痛中等死或成為醫院人球的悲劇，極可能就會搬到澳洲上演了。

考慮到這點，向來隨和的澳洲人在此議題上展現了驚人的韌性，硬是把好幾次差點闖關成功的法案擋了下來。如同某位住在偏遠地區，獨自撫養三個年幼孩子的單親媽媽受訪時所說：「如果看醫生要付掛號費，而我的口袋裡只剩下七塊錢，請告訴我，我該拿這個錢去給生病的孩子掛號？還是買孩子明天學校的午餐，讓他們在學校不用餓著肚子看其他孩子的午餐流口水？還是該幫車子加油，這樣我和孩子才不用走三公里的路去上學？」七塊錢是當時政黨提出的掛號費價格，政客在電視上理所當然地說：「不過就是你喝一罐啤酒的錢。」

那位單親媽媽讓我第一次體會澳洲當初決心要讓必需性醫療由健保全額負擔的意義，很多人以為的小錢，其實是許多人必須錙銖必計的全副身家。如果生存是人的基本權利，醫療照護當然不能缺席。

此外，澳洲健保必須做到完全免費，也是因為澳洲人對專業的尊重以及醫療資源的得來不易直接反映在價格上，當以使用者付費的標準來收費時，醫療資源分配的貧富差距就浮上檯面。

有次一位新來的行政祕書拿著公立醫院的急診費用單問我：「這個×××工作時發生針扎事件到急診掛號抽血而已，怎麼要付澳幣九百多塊（約臺幣兩萬）？」我回答：「正常啊，平常我們去急診是因為有健保所以不用付錢，但是拿掉健保就是這個定價。」祕書聽了下巴差點沒掉下來：「那沒有健保的人怎麼辦？」我雙手一攤：「就沒錢看病或欠醫院一屁股債啊，醫療是很貴滴！」

偶爾會有臺灣新聞報導背包客或打工度假的年輕人在澳洲就醫花了幾十、幾百萬臺幣，其實不是澳洲醫院對外國人收費較高，澳洲本國人一樣是付這個價錢，只是公立醫院由健保吸收掉。相同的醫療項目若換成在私立醫院就得全部自費，而且因為是私人企業，收費往往更高貴。不算人事、醫護、檢查、治療、器材，光是住院費一天就要臺幣兩萬上下，看到帳單簡直會從病床上滾下來直接爬回家。除非口袋夠深或有私人保險給付，一般人是負擔不起私人醫師或在私立醫院接受治療的。

澳洲的私人保險和臺灣的私人醫療險制度很像，最大不同之處在於臺灣的健保包山包海，而且醫療資源豐富、便利又有效率，除了想從健保床升等需要自費，問診、檢查、手術……健保幾乎全都包了，只酌收部分負擔，也讓私人保險相對來說顯得沒有那麼必需。

澳洲的健保涵蓋範圍和醫療資源遠遠不如臺灣豐富有效率，給付的項目更無法相提並論，畢竟澳洲健保的出發點是讓每個人民都有「可負擔」（affordable）、「可取得」（accessible）的醫療照護，可沒說包高級、包方便，因此多數人都會加保私人保險，就是抱著不怕一萬只怕萬一，醫到用時方恨口袋不夠深的心情在繳保費。

澳洲的私人保險一般來說分為兩大主支，醫院給付（Hospital cover）和醫療周邊（Extras）。簡單來說，「醫院給付」就是部分理賠在私立醫院的醫療開銷，「醫療周邊」則是那些在醫院之外可能出現的費用，其中主角非牙科莫屬。

澳洲的健保不包括任何牙醫檢查和治療，牙醫可說全部都是私人「商業行為」，補牙幾千塊臺幣是正常價，一次根管治療的費用足夠買一張便宜的臺灣機票來回，更別提牙醫也分專科，拔牙要找牙醫外科（dental surgeon）、矯正要找矯正專科（orthodontics）、裝假牙有假牙專科……沒錯，就是貴。

其他的醫療周邊項目還包括眼鏡、物理治療、職能治療、助聽器、自費藥物補助、營養師諮詢、家庭護理服務、針灸、按摩、健康管理等，每家保險公司會推出不同項目和給付標準的方案，共同點就是這類專業服務定價都很高，健保也不給付，若是萬一真的怎麼了需要用到又是長期使用，沒有私人保險幫忙負擔實在花不起。其中最弔詭的要算「懷孕與生產」

套餐，生得過雞酒香、生不過兩塊板的人生大事，相關保險學問當然也大，得為它另闢戰場專章介紹，這裡先略過不提。

私保醫院給付的項目分得相當精細，每項檢查、住院、手術、哪種專科、治療項目等，保險給付金額都不同，甚至講究到就算是同一種手術，手術過程中採用哪一種麻醉、哪種手術方式、用哪一種醫材，都有不同給付標準。各家保險公司、不同方案包括的東西和理賠計算方式當然也不一樣，從選擇保險公司到保險方案，要不要保？保哪一家？怎麼保？保什麼項目？保多少金額？當中的水深不可測，功課若沒做足，很可能出現每月繳交巨額保險金，申請理賠時才發現該項目其實沒保到或保不夠的窘境。

這麼大一門學問，讓市場上衍生出「保險仲介」一職，專門幫人衡量家庭經濟、人口、年齡、健康狀況和需求，再依照狀況比較各保險公司的不同方案，最後統整出建議購買的方案。買保險也要透過仲介公司，實在有夠扯。

澳洲的私人保險並不便宜，單身的話每個月也要兩、三千塊臺幣，雖然同一個家庭中十八歲以下的孩子免費，但兩個大人的保費加上為了孩子可能要拉高一些給付項目保額，對個人和家庭來說都是不小的開銷。

澳洲政府為了補貼健保，以及鼓勵負擔得起私人醫療費用的人不要和只能倚靠健保的人民搶食健保資源，規定年收入超過一個金額以上，如果沒有另外加買私人的醫療保險，得強制徵收一％到一．五％的健保稅（medicare levy surcharge）。很多人覺得既然如此，不如拿這筆錢去買可以自己做大爺的私人保險，而且都花錢買保險了，有需要時當然想用個回本，畢竟私人保險讓你有權選擇醫生、醫院，以及較快速、方便的醫療服務。一個來回就達到了政府想降低消耗健保資源的目的，也算是聰明且狡猾的政策。

澳洲的私立醫院普遍豪華舒適，尤其是大城市的私立醫院，簡直媲美五星級飯店，光是大廳進去就先值回票價。單人房佐以獨套衛浴，住院餐還供酒（除非病情不允許），醫院上下以「客」為尊，若在澳洲私立醫院待過就知道，有錢就是大爺的嘴臉全世界都一樣。

澳洲的健康保險制度可說清楚示範了人生而平等，但如何活著就各憑本事的真諦，民營的私立醫療服務則凸顯了醫療資源的貧富差距。由於立足於保障人民基本生存權，澳洲健保的品質和效率很受挑戰，也一直很有爭議，更讓耐心絕對是在澳洲求醫最需要練習的美德，經常要抱著得之我幸、不得我命的豁達心胸面對無止境的等待和轉診。反觀臺灣健保，出發點在讓每個人都能享受豐富且高效率的醫療資源，真的很值得我們仔細凝視其中的美好與溫暖。曾經滄海難為水，除卻巫山不是雲。那張去夜店還可以拿出來證明年滿十八的藍色小卡，是離根打拚的我們深深銘記的愛民之心。

生病的人不上班

COVID-19疫情初起臺灣人的口罩已經戴得密密實實時，放眼望去，無論通勤、集會、工作，澳洲人一派輕鬆無人戴口罩，也不覺得應該戴口罩，看見戴著口罩的東方輪廓面露不屑，甚至出現一些歧視行為，讓覺得戴口罩是「有病防傳染別人、沒病防被別人傳染」天經地義的臺灣魂驚為天人又嘆為觀止。

另一方面，疫情剛開始時，澳洲政府和衛生單位根據WHO當時的政策方針多次重申、呼籲「醫護人員工作時不需要戴口罩」，有醫院甚至明文規定「不准戴口罩」與「戴口罩上班者請直接請假回家」，讓很多站在澳洲醫療最前線、有亞洲醫護背景的人嚇到落下巴。

如今，COVID-19疫情持續蔓延即將屆滿兩年，各國已迎來不知道第幾波疫情，WHO的防疫方針也從一開始的堅稱不需要戴口罩，慢慢鬆口到證據不夠但不否認有一定效果，變成了強制戴口罩。即便如此，依然不時聽到西方國家人民走上街頭抗議強制戴口罩政策的新聞，包括澳洲。

其中的差異，恐怕得從感染防治政策與勞工福利談起。

拿澳洲來說，澳洲的防疫與感染控制政策建立在公共衛生觀念與感染防治理論上。對澳洲人來說，「生病就應該在家休息」是基本常識也是全民共識。也就是說，生病的人不管是什麼病，基於大部分的疾病感染期都是在症狀發生之後，所以只要你覺得不舒服、有生病的症狀，那就應該待在家裡休息兼隔離。民眾一直以來如此被教育且習慣了此一公共衛生概念，自然而然，能出來上班、上學、趴趴走的，理論上都是健康的人，當然也就沒有「害怕被傳染而戴口罩保護自己」的必要。

法規方面，澳洲強調工作健康與安全（Work Health and Safety），法律明文規定，雇主有保障員工健康與工作場所安全的責任，員工也有維持與配合的義務。在這樣的前提之下，如果員工生病，就應該、也有權利請病假在家休息。澳洲勞基法保障正職員工每年固定的有薪病假天數，就算病假都請完了也有權利要求不支薪病假（unpaid sick leave）。約聘人員因為不是正職員工，沒有病假和年假，但法律規定雇主在原本的時薪上要多付約聘人員一筆約聘加給（casual loading），目的就是提高約聘人員的薪資，當作支持他們生病或放假時的所得補貼。相對的，當員工帶病上班，若是病況可能影響到自己或其他人的安全或健康，雇主也有權力請員工回家休息兼隔離。

如此政策之下，生病的人理論上都會留在家中自行隔離，不需要「戴口罩怕傳染給別人」，健康的人也不需要「戴口罩怕被傳染」。

至於前線的醫療人員，醫院和機構的感控政策詳細規範了如何將有感染性或有被感染危險的病人分類，從病房分配、護具穿戴、人員調派、清潔方式、用品與順序等，都有專門SOP。如果每個員工都盡到「維持工作環境安全與健康」的法定義務，照著SOP操作，理論上來說，感染源應能被控制在一定區域內且不會交叉感染。除非是照顧感染患者或是為了保護免疫力低的患者不受感染，一般醫護工作並不需要戴口罩、穿護具。

站在醫療機構的角度，澳洲的感染預防和控制是這樣看待的：你如果覺得自己有病，就不該來上班，而不是戴著口罩來上班；如果沒病，就不該戴口罩讓別人以為你有病，或是讓人誤以為感控做不好、到處都有病源，所以需要戴口罩，造成不必要的大眾恐慌。這解釋了很多在亞洲有醫護工作經驗的人，無法理解澳洲醫院不允許醫護人員沒事戴口罩，或是要求戴口罩的人回家的原因。

在這樣的感染防治政策、公衛教育與勞工保障法條所織就的保護網下，形成了我們看到的場景：路上、大眾運輸工具、學校、集會場所、密閉空間都無人戴口罩。大家的認知是，健康的人才會出現在這裡，既然大家都健康，何必戴口罩？

在這樣的公衛思維下，澳洲人也不會想到戴口罩是為了防止被傳染。路上的人都是健康的人，誰傳染誰啊？因此，戴口罩出現的人，就會被誤認為「有生病」，澳洲人的直覺反應是「你應該待在家裡，而不是出來公共場所閒晃散播病毒」，因此對戴口罩的人報以輕視的眼光。

但是，大家真的這麼誠實，生病就待在家裡嗎？

澳洲人重視誠實與互信，傳統文化「你說是，我就相信你是」。這種誠實互信反映在各行各業，也反映在遵守法規與政策上，因此能讓上述公衛思維與制度行之多年、相安無事。但的確，隨著時代改變，此一傳統逐漸受到了動搖。

疫情爆發以來，澳洲各州進入了許多次封城輪迴，主因就是有人不遵守隔離規定外出趴趴走、拜訪親友和開趴，不夠完善的戶政系統讓管理難以施力，政府不得不祭出高強度限制，期望能在疫情擴散初期就盡量減少交互感染，防止疫情真的走到失控那天。

COVID-19 病毒對現行的公衛和感控政策是很大的衝擊，尤其是感染期與症狀出現時間難以捉摸，以及未發病就有感染力這幾點，大大挑戰了西方國家不存在的「戴口罩預防感染」觀念和習慣。疫情讓世界各國的公衛、感控、防疫政策和流程都面臨前所未有的考驗，各國人民都被政策追著跑，政策又被疫情追著跑。

然而，當病毒挑戰制度、制度挑戰人性，朝令夕改或許不見得全是負面，反而是一種保有彈性、願意識時務隨時承認錯誤、調整政策的勇氣。

新南威爾斯州從一開始呼籲人民不需要戴口罩，搞得公車司機罷工走上街頭，要求州政府強制搭公車的人戴口罩以保障公車司機，此篇寫成之時是二〇二一年八月，雪梨已經進入又一次封城的第六周，州長剛宣布封城要再延長至九月底，並且下令所有人外出一律戴口罩，強調擦身而過都有可能感染病毒。

這些日子來，大多數澳洲人民都展現了包容，允許決策者有多一點時間調整和反應，並在試著理解混亂背後的為難之處時，耐心忍受某些為了感染預防和控制而不得不執行的嚴格部署。或許，這才是這場疫情之戰最終的存亡關鍵。

來去澳洲生小孩

在澳洲養孩子很花錢，從懷孕那一刻起口袋就破了一個大洞，光是驗孕棒就很貴，貴到會在黃金時段打廣告，懂？

當然，驗孕棒可以不買，去找有健保的家庭醫生（GP）驗孕免花錢，但家庭醫生可不兼差接生，驗完了，然後呢？在哪裡生？找誰生？怎麼生？從這裡開始，每一個決定都會嚴重影響你的銀行存款數字。

〈什麼都醫的澳洲GP〉已說過，澳洲的醫院系統分為公立和私立，只要有健保身分，公立醫院從產檢、生產到新生兒評估和疫苗，完全由健保給付，私立醫院則是什麼都要付錢，連生完小孩的尿片都得自己買。

先說不要錢的公立系統。在家庭醫生那邊確定懷孕後，就近前往住家附近的公立醫院預約第一次產檢，通常訂在胎兒滿十二周以後。這麼久？是的，澳洲人就是如此科學又隨緣。

既然科學告訴我們肧胎在十二周之前都還不穩定，如果沒能留下來，表示肧胎本來就不成熟或不健康，物競天擇，隨緣囉！揮一揮衣袖不使用一點醫療資源，留下了再來產檢即可。

要是第一次產檢之前有狀況發生怎麼辦？掛急診唄！我就掛過。

遙想那年剛驗出有孕當晚就出血，完全不知道澳洲產檢系統怎麼搞的我撐了一整夜，大清早打電話給我的家庭醫生，結果她叫我去急診。國外急診室你知道的，頭破血流都可以在外面等到血都在臉上結成塊了還在等，十二周前的懷孕出血算什麼。第一次懷孕也第一次體驗澳洲醫療的我心急如焚折騰了好幾個鐘頭，急診醫生總算悠悠晃過來。

「剛剛抽血結果顯示妳的確懷孕了。」說點我不知道的來聽聽。

「但不知道這樣的出血是否已經流產。」蝦毀，你都不知道那誰知道？

「由於十二周以前的肧胎本來就不穩定，流產也是正常的，妳一星期後再去家庭醫生那裡驗一次血，有就是有，不然就是流產了。」蛤？那我到底為什麼來？以前在臺灣聽說不是會打什麼安胎針或至少住院臥床嗎？

「沒有，沒這必要。妳可以回家了。」醫生一派輕鬆。

「那我需要回家躺著不要起來嗎？」

醫生露出「這是幹嘛」的表情，遲疑了一會兒終於說：「如果妳很累或想休息的話可以躺著，但沒必要特地躺著，正常生活就可以了。」

當然，這是公立醫院。還記得吧，澳洲的公立醫院是全額健保給付，澳洲健保的宗旨在於提供「必要」的「基本醫療」。同樣狀況換成私立醫生就是兩樣情，不過那是後話了。

公立醫院的產檢通常由助產士（midwife）進行，除非孕婦是高危險群或孕期中有不穩定，否則從產檢到生產都由助產士照顧和接生，只有在做遺傳疾病篩檢時會有醫生出來說明檢查結果。若懷孕期間孕婦或胎兒出現異常或併發症，將轉介到院內的婦產科專科醫生，視情況嚴重度可能由專科醫生和助產士交替著看，也可能由專科醫生接手檢查和生產。我懷第一個孩子時從頭到尾都是跟著助產士，第二次懷孕時早期因為併發子癲前症的徵兆於是變成專科醫生產檢，穩定後又回去給助產士接生。

各家醫院制度和人力資源分配不同，有的是每次產檢和接生看當天哪個助產士當班就由誰負責，有的媽媽因此覺得沒有安全感而轉向私立系統；有的則採助產士小組制度，盡量從產檢到生產都固定同一位助產士，但若是產檢或生產時負責的助產士正好放假，那就由小組裡另一位代班的助產士接手。好處是雖然她沒有參與之前的過程，至少小組成員間都互相熟識彼此負責的孕婦；也有責任制的，孕婦從頭到尾都由同一個助產士產檢和接生。個人喜好不同，反正澳洲人相當隨興，有什麼就是什麼了，畢竟是公立醫院又是免費的，哪那麼多毛？

咻一下到了要生產了！公立醫院的生產由助產士接生，除非有特殊醫療考量，一律自然很痛生產。

澳洲人認為生產是相當自然的事，是大自然生命必經的過程，免不了最初的一陣痛，沒必要搞得像醫療事件，產婦可以選擇要在醫院生、家裡生、床上生、地上生、水裡生，可以坐著生、趴著生、躺著生、邊吃邊生，歡喜就好。

不熟悉助產士制度的人會覺得，那要是有突發狀況呢？助產士能處理嗎？請放心，澳洲的助產士首先都是護理人員，並且要另外接受專業訓練才拿得到助產士執照，有專業的知識、技術和素養，更好的是助產士幾乎都是女性，大部分也都擁有生育經驗，更了解孕產婦面對的生理和心理之變化與挑戰。如果真的需要醫療行為介入也不用擔心，公立醫院的好處就是二十四小時什麼科的醫生都有，一個嗶嗶叩，值班的專科醫生馬上來，不用預約也不花一毛錢。（雖然生小孩一直在談錢很煞風景，但是付付看那個帳單就知道，高尚情操不敵口袋大鈔）

私立系統又如何呢？

家庭醫生驗孕後，妳就可以開始物色一個喜歡、中意或家人／朋友／估狗大神評價說好的婦產科專科醫生，打電話去預約產檢。醫生祕書會先詢問預產期，以此推估妳需要的產檢和生產日期。如果這些時間剛好都約滿了，或是預產期時醫生打算去放假，那很抱歉請重新估狗別的醫生，我們不收。可想而知，每年的生產高峰期或醫生喜歡放假的時段如聖誕節、過年、北半球的夏天，有錢都不見得排得到醫生。

正如〈健康保險絕對是一門學問〉所言，澳洲的私立醫療建立在錢上，私人婦產科醫生每次產檢都要收費，澳幣一百到兩百塊不定，全看醫生怎麼定價。有的醫生會免費照超音波，有的要收錢，也有的叫妳自己去外面專門照超音波的檢驗所，照一次澳幣一百到兩百塊不等。驗血也一樣，不廢話。

從懷孕到生產要做幾次產檢、照幾次超音波和驗血，總共花多少錢，數學好的自己算一下。別忘了這些都還只是常規檢查，要是妊娠中間有併發症或胎兒有問題，得另外計費，那就是另外一個境界了，我反正修行不夠不敢面對。不過，畢竟是病人自己掏腰包花大錢的私人醫生，「服務」當然比崇尚自然的公立醫院好，像我那種公立醫院不結緣的懷孕七周出血，到了私人醫生那就是又抽血又照超音波的，力求讓孕婦客人既安心又開心。

好不容易終於捱到了生產，去哪生要看妳的私人醫生和哪間醫院合作。無論那間醫院是公立還私立，既然妳是以私人身分跟著醫生，一切就是比照私立醫院收費標準。

婦產科醫生生產收費同樣由醫生自訂，自然生產無併發症大約是澳幣三千塊到五千塊，隨醫生開價（覺得需要去掛心臟科醫生嗎？啊不行專科醫生也好貴）。要是當場生不出來，要吸、要夾、要特別處置或最後搞到剖腹產，那又是照表收費，不到最後關頭不會知道妳收到的帳單將有多驚人。

私立系統和一律從頭痛到尾自然產的公立醫院另一個最大的不同就是可以要求打無痛分

娩或剖腹產，這也是很多人再貴也要選擇私人婦產科醫生的原因。當然，澳洲專業分工之講究，打無痛和剖腹麻醉屬於麻醉師的職務，費用另計。不多，大概就幾千塊澳幣起跳。住院費也不用多說，看醫院怎麼收費妳只管付錢就是。公立醫院的產後病房、新生兒的評估和聽力測驗全部健保給付，私立醫院則要自己預約小兒專科醫師，當然也是自費。

和公立醫院堅信「生產是自然的事」相反，私立系統把「生產」視為醫療事件看待，牽涉其中的人事和程序都必須事先安排和預約，包括婦產科醫生和麻醉科醫生。妳不能生到一半才說痛死了我要打針！這節骨眼找誰預約去？如果生產時間提早或延後，真到了生產那天妳的婦產科醫生正好不在或放假去也，或正在替別的產婦接生，錢還是得照付，人家寶貴的時間可是留給妳了，是妳自己（或妳肚裡的孩子）不配合。

有時生太快，婦產科醫生還沒趕到醫院已經要生了怎麼辦？那就由醫院的值班助產士接生，但婦產科醫生的錢得照付。要是本來打算剖腹產結果提前自然產了呢？醫院已經預約好了手術房，除非婦產科醫師和醫院有協調，否則錢還是得付。如果來不及打麻醉就生了呢？麻醉醫生都來了，當然要付錢。

我有個朋友超級怕痛，走私立完全就是為了無痛分娩，麻醉師也早早預約妥當，沒想到預產期還沒到，某天晚上和老公吃完燭光晚餐後肚子大痛，去醫院才發現要生了，且是急產，婦產科醫生仍在趕來的路上，麻醉才剛打進去根本尚未生效，她小姐說時遲那時快已經升格當了媽。朋友後來懊悔不已，錢都白花了不說，還撕心裂肺地痛了個徹底。

我懷第一胎時除了初期出血後來整個孕期都沒什麼問題，再加上自己就在公立醫院上班，對醫院的醫療水準有信心，選擇跟公立醫院的助產士，這對習慣臺灣醫療系統的我來說成了相當新鮮的經驗。

記得生產那天，不像臺灣醫院能提早住院待產，生不出來還可以在醫院裡爬樓梯，澳洲醫療要用在刀口上，尤其是公立醫院，所以哪管我已經痛了整整一天又一夜，醫院說：「妳沒痛到精準地（動用了 precisely 這個字）每三分鐘強烈陣痛一次千萬不要進來，來了我們也會叫妳回家，妳不如在家自己運動一下。啊，刷地板，妳去刷地板好了，刷地板很促產的。」澳洲的醫療果然不來自人性！竟然叫我去刷地板？

好不容易刷地板刷進了產房，卻因為其他問題又要催生又要麻醉，我都還沒來得及擔心，一眨眼床邊已經站滿了麻醉科醫生、婦產科醫生，連小兒科醫生都來待命。

那當下我環視一圈，彷彿看見他們每個人頭上都「叮！」地冒出價錢。麻醉師麻醉一次澳幣三千塊，婦產科醫生開刀澳幣五千塊，小兒科醫生會診澳幣三千塊，最後戲劇性地在天空再次「叮！」浮現：「健保給付，自付額〇元」。一瞬間整個心都安了，安心了就生了。

〈健康保險絕對是一門學問〉提及私人保險有懷孕生產套餐，是不是代表有私人保險的話，這些費用都由保險公司買單呢？很抱歉，並沒有。

目前私人保險的懷孕給付僅限於懷孕住院這部分，看妳買哪一家保險公司的哪一個套餐，有的給付固定次數的產檢和驗血，有的部分給付，有的一毛都不付，醫生的費用也不見得包含在保險給付裡。

此外，懷孕生產套餐要另外加保，不是每張保單都內含，加保後還有十二個月的等待期。以足月懷胎九個月來算，等於你在懷孕前至少四個月就要先超前部署，保得太晚或中獎得太早那就白保了，掏口袋吧！

生孩子要選擇公立還是私立系統，永遠是普天下所有準媽媽的大哉問，尤其是不熟悉澳洲醫療系統的家庭更是難以抉擇。有人覺得順其自然，擁護公立系統，或單純花不起那個錢。也有人習慣了懷孕生產就應該要婦產科醫生，或是覺得要名聲好的婦產科醫師才安心，也有人是為了打無痛或剖腹產，更有人是不願意住公立醫院，覺得伙食爛、房間爛、醫護人員也很爛……

說真的，別人的意見聽聽就好，畢竟每個人都不一樣，每次懷孕經歷也不一樣，老實說運氣也不一樣，主要還是看生的人怎麼爽最重要。懷孕生產對女性的身體負荷很大，即使是在醫學科技如此發達的現代仍有很多無法預測或措手不及的變數。懷孕時心情輕鬆愉悅，生產過程順利平安，大人小孩都健康，比什麼都重要。

PART IV

小小澳洲人養成班

全澳洲的爸媽都是你爸媽

普遍來說，澳洲人對小孩很寬容，認為小孩就是處於學習階段，會吵、會鬧、會犯錯都很正常，也都值得原諒。他們把每個孩子當成自己的孩子，也把每個爸媽看成自己的影子。當孩子在街上或店裡哭鬧，不會有人指責你家教不好、寵壞孩子，反而會幫忙安撫或發出「嘖嘖嘖，這可憐的小東西～」等同情，順便安慰一旁手足無措或氣到出煙的爸媽：「孩子就是這樣，別擔心，我懂。」

社群網站上，澳洲同樣有類似「我是三重人」、「我是中壢人」的社團，供大家交流情報順便八卦。有天我家隸屬的社團有位小姐發文：「我剛搬進這區，好喜歡這區，真是好地方！但是左右鄰居都有游泳池，現在正逢學校假期，他們的孩子在游泳池盡情玩耍嬉鬧，我因為疫情關係在家工作，好吵喔，為什麼不能體諒需要在家工作的人呢？」

原Po本來可能只是日常小抱怨，想和大家交流一下順便討拍，沒想到底下幾百則留言都在酸她：「拜託告訴我妳是故意在裝幽默說笑話」、「我完全同意，小孩就是應該要關起來，不准有任何玩樂」、「打賭妳一定沒小孩」、「妳怎麼不抱怨教堂的鐘聲」、「那在路上發出尖叫聲的小孩呢？」、「沒錯，小孩不應該在地球上行動」、「孩子的確不應該在游泳池玩，應該一直待在有冷氣的室內，他們如果真的想游泳可以上 YouTube 看其他小孩游泳」、「妳有公主病」、「孩子只有早上九點前和晚上五點後可以發出聲音」。

這篇貼文榮登本社團有史以來最轟轟烈烈的討論串，熱烈到樓主把文章刪了還有人另闢戰場討論此段發言多麼荒謬。這就是澳洲人愛孩子的心，哪怕被嫌的不是自家的孩子，全澳洲的孩子都是我的孩子，都該被愛著、疼著、寵著，盡情享受當孩子的自由與樂趣。人擋殺人、佛擋殺佛。

不難想見，澳洲人認真對待孩子，把孩子當成獨立個體，所有和孩子有關的互動都直接對著孩子進行。關於孩子的問題直接問孩子，爸媽不用代答，無論孩子說的話多沒營養依然耐心傾聽，用孩子的角度煞有介事地進行一來一往的討論。

我兒從小話多，只要有講話的機會，他就完全沒有害羞怕生的恥度，兩、三歲話都還講不清楚已在火車上和坐對面的阿嬤大聊特聊，我實在看不下去了不好意思地去把他拎回來，阿嬤卻阻止我：「別別別，我喜歡跟他講話，我也有一個這年紀的孫子，這年紀的孩子可愛極了。」最厲害的是連我這親媽都聽不懂他說什麼，阿嬤卻有辦法和吾兒一問一答，兩個人甚至聊到哈哈大笑。

我非常佩服澳洲人能把腦袋頻率瞬間調整成小孩模式的能力，有次店員小哥問兒子「你平常喜歡做什麼呢」，心想五歲小孩哪知道的我正想幫忙答，兒子已說「我喜歡躺在地上」。心想這下尷尬，如此荒謬的回答，小哥該怎麼接。事實證明我再次低估澳洲人和孩子喇賽的功力，店員小哥竟說：「那很好耶，躺在地上可以想很多事情，趁你現在還小，多躺在地上沒關係，我也想躺在地上但是不行。你看，現在你要是突然躺在地上，路過的人會說：『哎呀，你看這孩子躺在地上多逗啊！』要是換成我躺在地上，他們一定叫保全把我抬出去。」幾句話就逗得小猴子唧唧咯咯地笑，徒留臺灣魂媽媽內心 murmur，不要鼓勵他這種莫名其妙的行為！

另一方面，爸媽當然不只愛孩子而已，管教也是爸媽的責任。

澳洲人老是被拿來和英國人或美國人比較，若把對孩子的態度也拿來比的話，澳洲人應該是比英國人柔軟，但又不如美國人放縱。整體來說，澳洲父母希望孩子自由快樂地成長，但同時也注重孩子的教養和態度。孩子知道自己被寬容地對待，也清楚知道寬容是有底線的，懂得在父母板起臉來時立刻收斂。

「爸媽生氣了你給我注意一點」的內建程式，通用於所有長得像爸媽的人身上。街上那些鼻子朝天的青少年自戀地以為受到全世界的關注，不可一世的大聲喧譁、講著難笑的笑話、做出誇張的肢體動作，澳洲大人看在眼裡，出於包容孩子的心，覺得反正就是屁孩，自己也是這樣過來的，沒什麼，由他們去吧。但要是做出踰矩行為，既然爸媽不在身邊，全民爸媽自然會出聲管教，屁孩也會像被自己爸媽叨念一樣立正站好道歉，摸摸鼻子快閃。

孩子還小時，有次我們在便利商店買思樂冰，機器前幾個高中男孩邊裝邊喝，把所有的口味都裝了一輪、喝完了又去裝，排在後面的我本想說哎呀人家的孩子輪不到我來管，店員是個印度人也沒出聲制止，大概不想惹事也不關他的事反正只是來打個工。這時一位穿著西裝、爸爸狀的男人上前嚴肅地說：「你們這行為是不對的，裝好一杯就走，你們有付多於一杯的錢嗎？」男孩們本來笑笑鬧鬧，被「爸爸」一訓，馬上站直站好說：「是的，先生，對不起，是我們的錯。」鞠躬之後趕快落跑。

吊兒郎當的滑板褲飛機帽男孩上車刷卡沒過卻沒停步，徑直往座位走去還隨著耳機裡的音樂搖搖擺擺，公車司機大喊一聲「回來」，男孩馬上摘下耳機直挺挺地走到司機前站好。

「你那張卡怎麼回事？沒刷過你不知道嗎？」

「對不起，先生，我忘了儲值，但這附近沒有可以儲值的地方。」

「你明知道刷不過還去坐下，這是不誠實的行為。我可以趕你下車，你知道嗎？」

孩子畢恭畢敬，一口一個先生還一邊鞠躬，「是的，先生，我知道。對不起，先生，我下次不會了。」

公車司機斜眼看著孩子，想了一會兒，最後揮手讓他去坐好。孩子在一樣是滑板褲飛機帽的朋友旁邊坐下，朋友指著他鼻子一副「猴～～被罵了～」地笑開懷。

等我在澳洲待得久了、也有了自己的孩子，不知不覺也沾染了全民皆爸媽的氣息。某次在購物中心看到年輕孩子玩過頭拿公共設施開起玩笑，他們大概看我一個亞洲小女人想說沒關係繼續胡鬧，等我拿出媽的氣勢開口，他們立刻物歸原位站好道歉：「對不起，女士。」互相吐個舌頭，你拉我、我扯你地一溜煙跑掉。尤其這幾年，大概愈長愈像媽，光用眼神掃過都還沒開口，皮孩子自動收斂正襟危坐，只差沒把衣服紮進褲頭。

有趣的是，澳洲人這種全民皆父母的文化非常微妙，由於愛孩子的心一視同仁，若看到孩子被不當對待，他們同樣會挺身而出，即使面對孩子的親生父母也不會坐視不管。

有次我在火車上叨念我家青少女，當時我講的是中文，聲音不大只是口氣比較兇，一位澳洲阿姨雖然聽不懂還是受不了地對我說：「你不要再念她了，給她一點清靜。」雖然當下我很生氣的回懟，覺得我又沒打小孩只是碎念而已，我管我的小孩你不知道頭不知道尾地干卿何事？但事後回想，仍然對於澳洲人愛孩子、不捨孩子的心相當佩服與感動，即便是素昧平生的小孩都捨不得看她委屈。而與之相反，要是孩子行為不正確，全民爸媽當仁不讓，愛你就是要教好你。

不管孩子未來會不會成為國家的棟樑，總是國家稅收來源的一分子，從這個出發點來看，讓孩子快樂、健康、自由地成長很重要，養成端正的品格更是必須，畢竟身在社會福利良好的澳洲，未來這些孩子繳的稅和我們能享有的資源可是息息相關！在孩子還小時發揮「每個孩子都是我的孩子」的精神好好愛他們、把他們教育成一個堂堂正正的納稅人，未來靠他們的稅金支撐的政府資源和社會福利就等於供養了全澳洲的爸媽，以這點來說，澳洲人真是老謀深算啊。

仙子和聖誕老人

雖然和其他西方國家相比，澳洲的宗教氛圍沒那麼強烈（至少紙鈔上頭沒提到上帝），聖誕節依然是一整年的重頭戲，和華人的過年一樣是闔家團圓的大日子。家人從四面八方趕來集合，一年只用一次卻完全不馬虎的聖誕樹、花俏也花錢的聖誕裝飾、庭院裡比誇張的聖誕燈飾、燒腦又燒錢包的聖誕禮物、名正言順喝酒狂歡的聖誕派對，反正聖誕節就是應該熱熱鬧鬧又笑中帶淚。

當然，還有孩子最期待的聖誕老公公。

每年一到十一月，郵局、店家和商場就迫不及待擺出上頭寫著大大「Santa's Mail」的聖誕老人郵筒，讓孩子投遞寫給聖誕老人的許願信。等到時間如火如荼來到十二月，各大百貨和諸多景點更是紛紛請來聖誕老人坐鎮。年終學校媽媽聚會的餐桌上，總是準時出現「聖誕節禮物買好沒」、「藏好了嗎」、「我家車庫可以借妳藏禮物」此話題，接著就是一連串讓整桌媽媽都笑出眼淚的「穿幫」和「差點穿幫」故事。

以前各大商場會自掏腰包聘請聖誕老人，讓無論是逛街巧遇還是專程而來的孩子和聖誕老人拍照、說話，這幾年愈來愈多聖誕老人有自己的經紀人和團隊，想見上一面、和他說說話，得先付錢給他的精靈（elf）買合照產品才行。

我個人覺得，見聖誕老人一面、坐他大腿合照還要花錢，好像違背了聖誕節「給予」（giving）的本意，每次想到不夠富裕的家庭要怎麼對孩子解釋他得不到坐在金碧輝煌大椅子上、細雪紛飛夢幻場景裡的聖誕老人的注視，是因為家裡沒有多餘的錢可以花，心中油然而生的難過就像為過節的熱烈氣氛澆了一盆冷水。

當然，這是我自己的內心OS，花錢見聖誕老人值不值得見仁見智，但永遠不乏等著和聖誕老人合照的父母和孩子大排長龍。想見聖誕老人原因無他，只因聖誕老人是孩子心中帶來禮物和歡笑的大神！聖誕老人會盡全力滿足孩子的願望，帶來平時爸媽會嘖嘖搖頭說不行的禮物。

另一方面，澳洲小孩不只深信聖誕老人，還有各種仙子（fairy）。牙齒仙子、藝術仙子、長大仙子、健康仙子……每個仙子都有專屬的工作職守，澳洲家庭的花園裡經常看見孩子為仙子們建造的仙子花園，讓整夜忙著家家戶戶拜訪小孩的仙子飛累了可以在手作的木頭椅上坐下來歇歇翅膀，用樹葉捲起或貝殼做成的杯子喝一口水。澳洲父母幫忙建造或添購仙子花園的材料、迷你家具和日用品完全不手軟，還有很多人因為孩子怕仙子進不到家裡，特地在屋裡屋外的牆壁上安裝任意門的精緻升級版，仙子小門是也。

說真的，澳洲孩子是不是都相信聖誕老人和仙子我不知道，澳洲父母倒是很願意鼓勵孩子相信。雖然澳洲父母其實分兩派，來自聖誕節或宗教文化不那麼濃厚國家的父母，普遍比較傾向早早告訴孩子根本沒有聖誕老公公和仙子。西方國家，尤其是來自寒冷歐洲國家的父母，則大多年年興高采烈又小心翼翼地守護著這個祕密。

還記得那晚的澳洲媽媽說，那年她十三歲的兒子又提出「究竟有沒有聖誕老人」這問題時，她想，十三歲的大男孩了，大概也猜到禮物其實都是爸媽準備的，便直截了當承認，沒想到大男孩的雙眼立刻因為這突如其來的「噩耗」噙滿淚水……雖然孩子很快就想通了，也覺得沒什麼，反而謝謝爸媽一直以來扮演聖誕老人送上他想要的禮物，事後還幫忙爸媽瞞著七歲的妹妹，鼓勵妹妹相信聖誕老人會帶來她夢想的禮物，朋友還是難過極了，原來孩子心裡雖有懷疑，但其實是想要相信的啊！她覺得自己親手摧毀了孩子心中那份童真和美好，整桌媽媽則無不為這個故事手捧心口眼中泛淚，「Aw……」地長嘆不已。

我家小少女至今依然相信聖誕老公公，除了每年都準時寫信給聖誕老人，每到十一月也開始用「聖誕老公公在看你，你會沒有聖誕禮物！」威脅調皮搗蛋的弟弟。

是的，十幾年過去了，我們還在當孩子的仙子和聖誕老人，也依然扮演送巧克力蛋的復活節兔。讓孩子相信其實並不難，難的是對抗同學和朋友的閒言碎語。

每個孩子知道聖誕老公公沒有來的時間不同（我不是說「沒有聖誕老公公」喔，我只說他「沒來」），從幼兒園起挑戰就陸續出現，年紀愈大、懷疑信仰聖誕老公公的朋友愈多，難度自然愈高，也不知道是孩子成熟了還是爸媽懶得再裝。搞得我每年都要面對下課回來書包都還沒放下就等不及探媽媽口風的孩子，「××同學說沒有聖誕老公公，禮物都是爸媽買的。」「媽媽，聖誕老人就是妳嗎？」

每一年，我都從問話的語氣和表情中揣摩孩子的心情，除了考量「謊言」、「真相」、「現實」、「拆穿」，更想小心呵護「究竟孩子內心深處想不想相信真的有聖誕老人？」

確實，孩子總有一天會發現，仙子和聖誕老人並沒有真的為他們留下紙條和禮物，我卻也相信，那麼多年深信仙子和聖誕老人的孩子必定有顆柔軟的心，仙子和聖誕老人鼓勵他們做個好孩子的隻字片語也都深深刻印在他們的心裡。孩子即使一時無法釋懷，總會明白父母的心情，就像那些已經知道聖誕老人並沒有來的大孩子和大人，都願意回過頭小心翼翼地守護仍然深信不疑的孩子心中那份期待。正是因為他們知道那份深信是如此美好，如此為可能不那麼順心的生活充滿神奇的力量。

在我成長的過程裡，並沒有被正式宣布聖誕老人沒來的那個 moment，反正有那麼一天，我就是知道了，知道聖誕老人的禮物都是媽媽準備的。我沒有覺得自己被騙了的憤恨，反而充滿無限溫暖、無限感激。沒有失望，只是在心裡對天真的自己微笑，我知道我的心裡永遠都會留著那塊柔軟之地。柔軟，是因為我的天真曾經如此被小心守護著。

有沒有仙子和聖誕老人，對願意孩子相信的父母來說不只是「給孩子錯誤的希望就會失望」這麼簡單。每次孩子問，我只回答：「如果你相信就有，如果你不相信，有沒有對你來說都無所謂。」

的確是這樣子，我們雖然沒看見仙子和聖誕老人，他們也沒有留下字條和禮物，但他們真的沒來嗎？真的不存在嗎？誰也沒有證據呢。我們不也說「舉頭三尺有神明」嗎？那舉頭怎麼就不能有仙子和聖誕老人了呢？

相信有仙子和聖誕老人，是孩子心底那份被護衛著的安全感，是一種被專屬天使庇護的溫暖。如果教孩子不去相信仙子和聖誕老人，那面對書頁裡騎著噴火龍的王子、說話的動物、發亮的玻璃鞋……又該搭配什麼樣的說詞？孩子的純真和想像力不正是成年的我們嘆息找不回、每對父母一心想要孩子保有的珍貴資產嗎？我們又做了什麼小心守護它呢？

對澳洲人來說，「相信有聖誕老人」對孩子的意義就是對於美好事物的想像和信仰。相信有位慈祥的大鬍子老人會駕著魔法雪橇，由施了魔法的憨厚大麋鹿領頭，前往世界每個角落，輕輕為睡夢中的孩子放下禮物，無論血緣身分、無論聰明愚昧、無論貧窮富有，老人對待每個孩子的心情都一樣。

這信念是如此單純美好，為此，孩子願意努力學習做個好人。這樣的單純和美好，值得孩子擁有和信仰。

也難怪那些情願孩子相信聖誕老人的父母們，在聽到又有哪個孩子被告知「這世界上沒有聖誕老人」時，會手捧心口、眼光泛淚地露出心碎的表情。

沒有作業的假期

學生時代的蟬聲綿綿代表引頸期盼的暑假，搖身成為家長後聽到蟬聲大熱天都能嚇出一身冷汗，明明昨天才雀躍地倒數寒假快結束了學校會把魔獸收回籠裡，轉眼見鬼了暑假又來。澳洲父母聽到學校假期背脊發的涼，完全不輸臺灣爸媽涔涔流下的冷汗。

澳洲學校的放假制度徹底考驗著父母的經濟、體力、社交情況、家庭支持系統、智力和心理的彈性與成熟度。

「不過就是放個假，有需要這樣嗎？」太需要了，因為澳洲學校實在太常放假了！

澳洲大學以下的學制是一學年四個 terms，每個 term 平均十個星期，兩個 terms 合起來是一個 semester，類似臺灣的一學期。除了年底跨聖誕節和新年有約一個半月的長假算是暑假外（年底是南半球的夏季），term 與 term 之間各有兩星期的學校假期（school holiday）。

換言之，澳洲孩子平均每上課十周就放假兩周，一年有六周加一個半月，合計約十二周的學校假期。哪個上班族有十二周假可請？澳洲的正職全職工作法定年假是四周，就算父母倆都有假且把所有的假都貢獻給孩子放假還是遠遠不夠。

澳洲沒有安親班，除了家長間互相輪流支援，幸運的話有阿公阿嬤、爺爺奶奶就近掩護，相距若不遠不近乾脆送去住個三五天到一星期，已是家有屁孩的父母此生奢求的小確幸。只不過澳洲地廣人稀，更多情況是爺奶家都在遙遠的別州，或是像我們家這種飄洋過海來移民的家庭，阿公阿嬤爺爺奶奶家可能在歐洲、亞洲、美洲、北極圈……遠非行囊款款隨隨便便就可以回鄉下阿嬤家爬樹，長達十二周的學校假期父母該何去何從？

你說暑假作業？別傻了，不管什麼假，澳洲學校放假時統統沒有作業！

澳洲人身體力行始終貫徹著「休息是為了走更長遠的路」這句話。放假，當然要認真休息，哪有作業可言？對澳洲人來說，放假就是放假，放假時就專心放假。此一文化從童年延伸到成人，澳洲人非常重視個人生活，放假時一定盡可能不處理公事。常常一封 E-mail 寫過去，得到「我正在放假，從×月×日到○月○日，等我回來會盡快與您聯絡」的自動回覆，若是有職務代理人會放上代理人聯絡資訊，如果沒有，管他什麼天大麻煩久而久之你會習慣，等吧！

我的工作性質需要能被隨時找到，由於懶得多帶一支工作專用手機，一直都是用私人號碼。有時那天沒上班，有人打來要說工作的事，告訴對方不好意思我今天不在辦公室，電話那頭的歉意往往直接滿出話筒，反而讓我過意不去。澳洲人認為，放假是辛苦工作應得的獎賞，是犒賞自己也是好好休息和充電的時候，不應該還記掛著公事，放假若被工作騷擾，天理不容。

女兒初上小學時我對澳洲教育懵懵懂懂，某年暑假計畫提早兩個星期回臺灣，專程去班上向老師請假：「不好意思我們會缺課，請問老師是不是有什麼作業要讓我們帶著做呢？」老師非常驚訝地望著我和女兒：「為什麼？我怎麼可能毀了妳們的假期？」

去玩吧孩子，辛苦了一學期，這是妳應得的休息，多兩個星期算妳賺到的！拍拍肩，lucky you。臺灣魂媽媽從小在開學前哭著趕作業長大，怎麼我的孩子什麼作業都沒有？上學辛苦什麼了？還要休息？

最最驚悚的是，學校假期時不只學校放假，連才藝班都全面停課，enjoy your holiday，開學再見喔～

澳洲人難道不怕孩子放假把人放懶了、心放野了、腦子放糊塗了嗎？後來倒是想明白了，我們也走過孩提時代，說真的，作業有讓我們人不懶、心不野、腦子不糊塗嗎？再說，放假不就是為了要合理懶、正常野、難得糊塗，澳洲父母很歡迎孩子們放假時睡到飽，一整天穿著睡衣在家閒晃，或癱在沙發上耍廢用腳搆洋芋片吃。「平常上學不能享受這種時光嘛！」他們說。果然，假就是拿來放的，放空的放。

沒有暑假作業就表示孩子的腦子不動了、生鏽了？那倒也不會。為了配合需要上班的父母，也讓孩子在假期中接觸一些平常沒機會接觸或沒時間參與的活動，澳洲坊間提供五花八門的假期活動（School Holiday Programs）。這類活動往往和學校課業無關，大多是運動，如網球、足球、游泳、跆拳道、溜冰、滑板；或是藝術，如音樂、表演、演說、舞蹈……應有盡有，隨著時代變遷，科學或寫程式這類活動也愈來愈多。

這些我們理解為對考試和成績沒有即刻幫助的「藝能科」、「才藝班」，其實能在無形中培養孩子的能力和競爭力。澳洲父母認為，假期是從例行學校課業中跳出來的難得機會，孩子應該接觸一些針對生活、體能、人格培養的活動，或是享受興趣喜好。

當然，假期活動的費用不便宜，而澳洲的高物價眾所皆知。

很多人有澳洲薪水很高的迷思，所謂「澳洲薪水高」，是帳面數字經過匯率換算後直接比較，卻忘了把澳洲物價和稅率計算進去。依據二〇二〇／二〇二一年度澳洲稅務局統計，中產階級家庭每星期平均收入是澳幣兩千三百四十九塊（以每戶為計算單位，非個人），澳洲所得稅重，扣完稅、繳完健保費後大約剩下澳幣一千七百塊，平均每天可用額度是澳幣兩百四十二塊，最低薪資的家庭平均每天消費扣打則不到澳幣一百塊。如果要付房租，小家庭就算是兩房公寓在雪梨保守估計一星期也要澳幣五百塊起跳，是的，澳洲的房租以周計。根據澳洲二〇一七年官方統計數字，二〇一五到二〇一六年間，澳洲一般家庭一個星期的開銷是澳幣一千四百二十五塊，平均每天睜開眼就要花掉澳幣兩百零三塊（這還是當年的物價），這時再回頭看看澳洲平均薪資就發現，澳洲薪水其實沒有想像夠用或好用。

假期活動平均一天收費澳幣六十塊到一百塊，還要自備早茶、中餐、下午茶，十二周假期就算只去六周也不是每個家庭都負擔得起，所以真的只是讓孩子搞搞課外活動，緊急狀況下當成托兒支援尚可，真想拿來當假期安親班可謂高難度，要是家有一個以上的小孩，爸媽還不如其中一人辭職在家全職顧小孩算了。

父母無法請假、阿公阿嬤無法托兒、假期活動又太貴時，澳洲父母只好帶著孩子上班去。好在澳洲多數公司都理解父母的難處，是人都有需要江湖救急的時候，說不準哪天就換你為孩子放假何去何從抓破腦袋，給人方便自己方便嘛。

在不影響正常營運的狀況下偶爾把孩子帶來上班，主管和同事都能互相理解包容，還會輪流餵食逗弄小孩，為繁瑣工作帶來一注活水，樂天隨興的澳洲人很願意成人之美。下次在大眾運輸工具或繁忙的商業街區裡看見西裝筆挺或穿著正式套裝的父母牽了個背著五顏六色卡通包，懷裡還抱著玩偶或玩具車的孩子，大概就可以合理推論：啊，學校假期又到了！

帶孩子去上班當然不可能期望孩子跟著朝九晚五、加班應酬，通常那一天待在辦公室的時數得縮短，好處是孩子可以體驗大人「工作」的氛圍，看到父母工作時的樣子以及和同事的相處與進退這種平時很難有機會看到的一面，操作得當的話極具啟發性。尤其孩子間經常分享自己去爸媽辦公室的所見所聞，我們視為不得不為的苦差事，對小小心靈其實相當有激勵之效，算是意外收穫。

我和先生在學校假期時會輪流帶孩子去工作，大人看來不好玩的辦公室、無聊透頂的事務，孩子卻滿心期待。在家不是猴子一樣靜不下來就是躺在地上喊我好無聊，在辦公室竟然有滋有味地從早搞到晚。有時我們整天忙著開會，孩子偶爾留在辦公室裡，偶爾去認識的叔叔阿姨辦公室串門子，或自己去茶水間拿餅乾、麵包、零食吃，同事也會不定時餵食還變魔術給他們看，某次醫院的維修工甚至現場鋸木頭做了把木劍給吾兒。

帶孩子去上班也很好「用」，簡單工作如跑腿、澆花、丟垃圾，其他像是文件分類、蓋章、貼郵票、打洞、裝訂、碎紙……等雜事，就叫他們自己向祕書或行政人員要來做。有人分擔工作，叔叔姊姊阿姨個個笑得合不攏嘴，張開雙臂歡迎免費童工，直問：「孩子們什麼時候再放假？我有很多事情給他們做喔！」

如果一定要問「孩子學到什麼，這樣不就虛度了光陰」，其實不然，為了讓一整天的時光不無聊、不虛度（虛度是大人想法，小孩只怕無聊），澳洲父母會讓孩子前一天就先擬定活動大綱、做好時間規畫。孩子可以自己分配這幾個小時裡要做什麼、可以做什麼，接著和爸媽談判，睡前記得打包好要帶的個人用品、書籍、玩具等，自己的東西自己準備，澳洲爸媽不幫孩子收書包。

到了公司，面對前來和爸媽接洽公事或專程來和他們打招呼的大人，無論認識不認識、不論是爸媽的上司、下屬或同事，都是孩子學習人際應對和禮貌的機會。當爸媽忙於公事甚至一整天都在開會，孩子就要學著審時度勢、耐心等待。在被分派的小工作裡，孩子也有機會動動腦、學習一些做事技巧，更在其他大人的讚美、餵食或小禮物中體驗到幫助別人就是幫助自己的成就感。

每次講到這裡，臺灣朋友就會怨嘆這在臺灣不可行，為此我萬分遺憾，不過其實澳洲也不是一直以來都這樣，澳洲文化在很多地方依然帶有英國人保守的嚴肅氣息，但隨著時代改變，雙薪家庭愈來愈多，工作形態、職場文化與大家的態度也漸漸以「家庭親善」為目標在改進，日前國會女議員帶著孩子進議場，一邊發言一邊餵母奶，同樣引起了正反兩極論戰。只能說改變社會風氣需要時間，更需要每個人勇敢發聲和爭取。

另一方面，學校假期最最珍貴的，當然是孩子與父母好好相處的時間！說來矛盾又像極了愛情，孩子年幼時整天黏在屁股後面巴不得他們趕快到入學年齡讓我寂寞寂寞就好，等孩子真的都上學了，學校假期反而成了唯一能和他們整天相處的珍貴時光。孩子放假在家也是手足的修煉場，從水火不容互相嫌棄對方是干擾，到慢慢懂得協調配合，最後能享受互相陪伴，是為孩子未來人生能互相扶持最值得的投資。

美國電影裡孩子一去就幾個星期、一兩個月的夏令營（summer camp）在澳洲少之又少，就連三天兩夜的夏令營都很少。澳洲成人注重自己的休假，當然也注重孩子的假期，因為這是享受家庭生活最好的機會。即使是雙薪家庭，父母也會盡可能輪流拿假陪伴孩子，帶著孩子四處走走看看或來趟家庭旅遊，從工作中暫時抽身喘口氣、加溫或修補親子關係的同時也帶孩子體驗生活。尤其是年輕的孩子，很多生活技能和解決問題的能力便是在與父母的相處和互動間潛移默化、一點一滴累積而來。大人都知道過日子需要智慧和練習，不該忘了就算只是帶著孩子平常地「過日子」，對他們而言其實也有無限學習。澳洲相當重視孩子的生活技能，學習和考試都會盡量和生活結合，目的就是讓孩子不僅學科好，還要能夠應用在生活上，才不會科科一百分，生活卻零分。

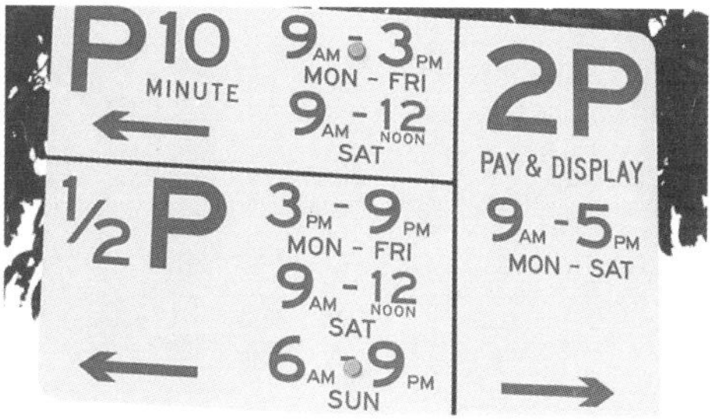

舉一個澳洲小學生的考題做例子。題目是路邊常見的停車規定牌子，要回答「今天是上班日，現在是星期二下午五點，箭頭左邊的停車位可不可以停車？如果可以，可以停多久？箭頭右邊呢？」以及「現在你要去附近的餐廳吃飯，如果箭頭兩邊都有車位，你會停在哪個位置？」

一個問題裡考了：

生活常識：平常是否留意路邊停車的牌子？看不看得懂？

數學：時間觀念（AM與PM）、時間範圍、星期二下午五點在哪個範圍裡（或外）？

數學：½是什麼，½小時是多久？

英文：星期日期的縮寫。

判斷力：吃飯約花費多少時間？如何避免停車超時被罰款或是必須中斷用餐出來移車？

從判斷情況、解決問題到做決定，都在實際生活裡才有機會接觸和學習，學校沒有教，卻是社會化的必備技能。等等，學校沒有教怎麼會考？學校沒有教、教不完的可多了，沒教生活難道就不生活了嗎？澳洲考試有一項叫做 general ability，考的就是學生方方面面的整體技能，而假期正是讓孩子在課業以外學生活的大好機會。

對澳洲人來說，孩子放假不一定要被作業和活動塞滿才算充實，也不一定要報考證照課程才不算虛度光陰，讓他們有機會學習安排自己的時間、接觸一些平時沒機會嘗試的活動、做點平常沒時間但卻有熱情的事、得到與親人或朋友有品質的相處、在生活情境中學習……無一不是知識的累積、是興趣和潛能的激發，更是難能可貴的生活經驗。這些，作業做不出來、上學日無暇顧及，卻能培養孩子的生活技能，也為孩子將來獨立生活和進入競爭激烈的社會打下基礎、累積能量。

學習是拿來享受的

話說澳洲小孩假期沒作業也罷，回家也沒功課，臺灣囡仔熟悉的那套預習、複習、溫習、考試、再複習、總複習，他們一樣都沒聽過，每天的書包裡只裝著便當、水壺、玩具和莫名其妙的垃圾，不知學業壓力為何物。

相較亞洲文化認為壓力能激發潛力，是必要之惡，澳洲教育的中心思想是「享受」。享受學習的過程、享受開闊視野的驚嘆、享受化知識為力量的成就感，萬法自如，處處是學習。

臺灣教育一綱多本，澳洲教育多綱多本，州政府有州政府課綱，國家有國家課綱，喜歡什麼用什麼課綱、選哪個本完全由學校老師決定。新學年開始前學校會發下一張文具採買清單，父母只要負責準備文具和空白筆記本即可，課本習作開學後學校會統一發，發了之後就留在學校，頂多把筆記本帶回來寫名字和貼書膜，然後相忘於江湖。

繳出去的學費買了什麼書？不知道也不需要知道，因為教學是老師的事、學習是孩子的事，家長不必訝異更無須歡喜。平時回家不用複習也沒有功課，聯絡簿壓根不存在，父母要到一年尾聲孩子把學校抽屜清空帶回家時才會第一次看見，哦，原來今年孩子在學校是學這些玩意啊！

澳洲小學生幾乎沒有功課，少數老師會給 Homework，但絕對不是我們想像的回家作業，充其量只是些讓孩子下課後不會太無聊的簡單活動。什麼畫圖啦、美勞啦、練習幾個單字、寫幾個句子、算幾題數學，也可能是做家事、照顧植物、運動，連看夕陽都算數，不知道是我醉還是老師有喝，有些功課單上甚至特別註明只能花××分鐘做（通常是十分鐘，頂多三十分鐘）。

「那其他時間要幹嘛？」玩！放鬆！

澳洲教育認為，小學階段應該是「學習愛上學習」的年紀，與其把時間花在寫作業和補習，不如去戶外踢球、體驗課外活動或享受閱讀。某位朋友看不下去小孩如此放浪形骸，自己買了練習本規定兒子每天下課後至少要花一到兩小時做功課。老師知道後便來道德勸說：「L媽媽，孩子在學校已經做很多功課了，很努力、很辛苦，回家不要再給他作業了，要讓他好好休息！」媽媽表示無奈：「他從三點下課回來就吃吃喝喝玩玩，不然就是坐在那裡看著電視傻笑，到晚上九點上床前也沒做過什麼正經事，休息哪裡不夠？」

身為一個民主自由的國家，澳洲每間學校上下學時間各有不同，平均算起來是朝九晚三，在學校的時間大約只有六小時，扣掉下課吃飯講廢話，真正的「上課」時間大概四小時，無怪臺灣魂媽媽很難想像孩子在學校到底哪裡辛苦。

不僅如此，老師還叫家長不要看小孩寫功課，因為看了就忍不住盯，盯了就忍不住教（教了就忍不住火大）。老師說：「我就是要看他們寫錯，這樣才知道他們哪裡學得不夠，才能幫他們加強，各位家長請不要搶我的工作喔！」完全是親子關係劃時代的救贖。

沒作業也不複習，怎麼準備考試呢？這簡單，不考。

都說了學習的目的在愛上學習，考試對此一中心思想可沒什麼貢獻。義務教育就是要讓人安心讀，不用擔心考不好或考不上沒學校可念，認真享受學習就對了。什麼小考、抽考、期中考、期末考一律不考，當然也沒有早自習考，因為壓根沒有早自習，到學校書包一扔就去野了。

澳洲小學生唯一會碰到的考試也不叫考試，而是國家舉辦的「評估」（NAPLAN，全名 National Assessment Program – Literacy and Numeracy），勉強譯為「國家讀寫和計算能力評估方案」。此非測驗亦非考試，開宗明義闡明「評估的是基本能力，不是要看學生學問做得多好多棒棒」，而且只在三年級、五年級、七年級和九年級實施，好讓父母大略了解與追蹤孩子的學習狀況，不參加亦可。

這場國家評估的結果不以分數呈現，完全不給爸媽質問「數學考九十二分，另外八分去哪裡了」的機會，而是會用條狀圖標出全澳洲學生的平均程度、孩子學校的平均程度、全國表現頂尖的學生平均落點，以及自家孩子的落點。評估目的不在比較，更不是想藉此指出孩子的弱點，只是要讓孩子有機會看看全澳洲學生的平均學習狀況。學校除了配合政府公布的時間發題目，其他一律不管，老師不會幫孩子準備考試，也不會特地複習，評估分析直接寄到家裡給父母（或是裝在信封裡寄到學校由孩子帶回），老師不會看到孩子的成績，當然也沒有檢討考卷這回事。

澳洲孩子要直到中學（high school，共六年）才開始正式接觸作業和考試，也就是說七年級起課業量會突然增加，孩子們一下變成落入凡間的精靈，下課後的時間管理更成了一大挑戰。剛開始的確會有學生適應不良，還好孩子的適應性和可塑性很高，澳洲孩子的個性也普遍獨立，很快就能把腳步調整過來。

雖說中學開始有考試，一年也就考那麼一次叫做 Yearly，還不是真考，充其量只是測驗，仍然以「考試是為了幫助學生評估自己的學習和強化記憶」為目的。澳洲老師並不想打擊學生的學習熱情，更不想考倒學生，要嘛是 open book，不然就是孩子練習過的題目一模一樣再考一次，也可能是以小論文、簡報，甚至拍短片的方式呈現。每到年底孩子開始嚷嚷「要考試了壓力好大」時，我真的一點同情心都擠不出來，你們這些不知民間疾苦的傢伙，懂什麼叫考試壓力大?!

澳洲唯一的大考就是考大學，有點類似臺灣的學測，不同的是澳洲人認為學習要適性，每個人都有自己擅長和不擅長的科目，十項全能科科滿分的學生可遇不可求，因此澳洲大學的考試科目和難度是可以自由選擇的。此系統無法用三言兩語解釋，化繁為簡來說，如果你數學很好，可以選等級比較高的數學，得分比重也相對較高；若數學不是你的強項，那就選基礎數學，把準備重心放在其他有把握的科目上。若是學生在術科如音樂、跳舞、體育上長年耕耘或極具天賦，也可以依照程度報考不同等級的術科，一樣算入總成績。

澳洲人相信學習應該是自發的、主動的，愉悅且樂在其中，這樣的學習才有效率、才可持久，才能讓學習成為一輩子的習慣，而不是為了應付作業和考試而不得不學習。這種觀念也間接培養了澳洲人終身持續進修的習慣，實踐活到老學到老的真義。

如是之故，澳洲人從學校畢業後，依然樂於透過各種管道學習培養新技能或更新知識，視重新拿文憑轉換職業跑道為理所當然，三十歲、四十歲、五十歲，砍掉重練永遠不嫌晚。與此同時，澳洲人不流行高學歷，認為那只適合想要鑽研學問的人。不少人是在工作十幾二十年後，發現自己想針對某個領域做更深入的了解和研究，才重回學校念碩士或博士。

一般來說，澳洲人更看重訓練的過程和結果，也就是所謂的軟實力。他們很習慣上一些小課程，例如工作上碰到某樣自己沒接觸過或不熟悉的事物，便找個課上，是不是正式學位、有沒有證書文憑都不要緊，重點是學到東西且能學以致用。澳洲政府和民間機構提供了許多這類小而美的培訓課程，個人可視需求或興趣報名。公司行號也相當願意掏錢讓員工迷你或短期進修，算是員工福利的一種。對員工來說，有人出錢上課何樂不為；對老闆來說，這項投資將反映在辦公能力和工作效率上，最終還是會成為事業的軟資產，不但不虧可能還賺到了哩。

以前我不明白澳洲人為什麼不計較上課有沒有文憑、會不會升遷或加薪，學習宛如某種全民運動，想知道就去學唄，這些年跟著兩個孩子的教育走來才發現，或許求學階段整天只帶個便當就逍遙上學、盡情享受學習真的功不可沒。想起自己聯考放榜後丟書、燒書、發誓從此再也不碰書，實在汗顏。教育走到底，怎麼會是製造出一堆創傷症候群患者呢？

願我們都能單純享受汲取知識獲得的成就感和充實感，讓學習成為生活的一部分，就像揪團開趴一樣自然，有需要的時候就來一攤。學習愛上學習，也是一種美德。

此便當非彼便當

美國影集裡寬敞的學校餐廳、學生自己拿餐盤去點食物、一起坐下來大人般用餐加社交（或霸凌），在澳洲沒這回事。澳洲的學校要自己帶便當，但澳洲孩子帶的便當和我們熟悉的便當完全是兩碼子事。

我讀小學時帶了六年鐵盒便當，到學校後放進蒸飯箱裡蒸，第三堂課開始整間教室就瀰漫著蒸飯的味道。澳洲身為已開發兼英語系國家，便當帶到學校後既不放冰箱冷藏，吃之前也不會加熱，而是從早上八點塞進書包後就一直蹲在裡頭，蹲到下午快一點的午餐時間，拿出來就直接吃了。澳洲孩子的書包都掛在（或丟在）教室外的走廊上，要是教室風水不好，書包們就在那裡風吹日晒一整天也見怪不怪，好一個先進國家。

肯定有人會問「食物不會壞掉嗎」，我自己同樣問天問大地，唔，這是一種集體修煉、禪的境界，「不要去想它就沒事」，反正小孩不會抱怨。

基於保存方式使然，便當帶什麼成了一門大學問。

夏天最麻煩，整天只能靠一個小冰寶（不能太大不然書包太重）幫忙降低溫度，保心安而已。能帶的食物選擇相當有限，通常是三明治。裡頭夾什麼呢？海鮮類根本不用想，新鮮肉類同樣盡量避免，澳洲父母用最多的是前幾年才被ＷＨＯ宣布和香菸一樣致癌的火腿與各式各樣醃製肉類，再來是起司。你問我起司不會壞嗎？唔，不要去想就不會。

若碰上我家這種不愛吃三明治的小孩，老娘只好早起包壽司、做麵包、炒飯之類的。夏天的便當最高指導原則無非不容易壞，冷冷吃又不難吃。

冬天相對容易，用保溫罐裝熱食，吃起來至少不會覺得淒涼。你說熱食裝保溫罐一天不會滋生很多細菌嗎？嗯，不要想就不會。

澳洲的學校或幼兒園之所以不統一供餐，原因出在澳洲的食品衛生法規非常嚴格，開伙準備食物得經過相關部門的檢查和批准，準備食物的區域和設備也必須符合規定，就連蔬果的清洗和使用的清潔劑都有規定，意謂需要一筆不小的預算請人和購買器材，接下來的維持費用開銷也不小，導致只有少數的大型連鎖幼兒園或 Long Day Care＊能提供像臺灣幼兒園的供餐服務，有的雖供餐但是由中央廚房煮好送來。

澳洲大多數幼兒園都要自己帶便當，有的幼兒園提供冷藏和加熱，有的只有冷藏沒有加熱，有的是沒有冷藏只有加熱，有的則和學校一樣不冷藏也不加熱，徹底讓便當裡的食物自生自滅。

正因如此，當年我們選擇幼兒園時，孩子的爸堅持有新鮮熱食可吃的幼兒園，雖然貴一點，但他振振有詞：「正式上學後就要吃十幾二十年的冷食物了，我要我的小孩有新鮮的熱食，能吃多久就吃多久！」

＊一般幼兒園只開早上九點到下午三點，Long Day Care 時間較長，通常是早上七點到下午五點或六點，也比較貴。

澳洲小學生上學書包裡不帶書，只帶三樣東西：Crunch and sip、點心（recess）、午餐便當，再加一個水壺。

Crunch and sip 有點難翻譯，每天早上約五分鐘時間吃一點點新鮮的蔬菜或水果，因為咬起來會有清脆的喀嚓響，所以叫做 crunch。Sip 是 a sip of water，也就是喝水，用意在培養孩子健康飲食的習慣。到了快接近中午時會有一個較長的下課時間，讓孩子吃點心。

再來就是午餐，很多學校的午餐時間在下午一點多，吃完沒多久就準備回家吃下午茶（澳洲學校平均三點下課），而且大部分的學校吃午餐不是坐在教室好好吃完再出去玩，而是鐘聲一響學生全部衝出教室放牛吃草，邊吃邊玩，結局要嘛不是忙著玩都沒吃，就是玩得掉在地上請土地公吃。午餐時間過後那地上一整個滿目瘡痍、遍地狼藉……

老大剛入學時我為了給她帶什麼便當傷透腦筋，到底什麼食物她才會有興趣認真吃完（飽）、又不容易壞、又夠補充她整個早上消耗掉的營養呢？我到處詢問澳洲媽媽友，也想參考她們自己小時候在學校都吃什麼。

特地請教有三個孩子的隔壁鄰居媽媽印證了薑果然是老的辣。她拍拍我的肩膀：「學校午餐這種事，你就不要去想營養不營養、有沒有吃飽，反正他們也不見得吃，重點只要不餓就好，要營養晚上再補吧！」真正是一語驚醒夢中人。

東方人飲食花樣比較多，壽司、水餃、炒飯、肉燥飯、滷肉飯、蔥油餅、饅頭、包子等，勉勉強強都可以帶便當，西方人的變化就沒有這麼多了，總不能帶塊牛排去唷！除了三明治和晚餐剩菜，澳洲媽媽會給孩子帶：

—洋芋片兩包加一罐果汁加一根香蕉

—冷凍肉派、冷凍雞塊、冷凍蔬菜（到午餐時剛好解凍完成）

—罐頭湯

—麵包塗奶油、果醬

—泡麵（早上先泡好，湯倒掉帶乾的去）

—冷凍優格（冷凍時當成小冰寶，解凍後就變成食物，一舉兩得）

—生菜沙拉（不常出現，因為小孩會吃才有鬼）

—玉米大餅乾塗奶油再加澳洲特產 vegemite 抹醬（也是澳洲孩子最喜歡的點心）

我說哪，澳洲孩子帶便當這回事，「不要去想它就沒事」！（打坐 ing）

我們的校訓是當個「好人」

澳洲的國民教育大體上沿襲英國制度，過去幾十年的教改則參考美國的教學設計與思想。現今雖由政府負責統合全國的教育政策和綱目，各州和行政領地政府仍會發展自己的法規和綱目，只要不跳脫基本的教育理念和目標就好，因此是多綱多本，小學階段甚至沒有教科書，可以說連本都沒有，到了中學也不過是一本半課本半習作的東西，其他盡在不言中。

如是之故，澳洲教育給老師的彈性很大，也造就了老師們必須觸類旁通、學貫古今，並時時鞭策自己吸收新知跟上時代。至於怎麼教？輪廓反正在那，大家就在裡頭自由發揮、因材施教囉！

不以學歷為中央伍看齊的好處是，孩子沒有升學壓力，老師也沒有壓力，得以把全副精神投注於教學多樣化和德性培養。沒有考試也就不靠拿高分當作童年KPI，孩子的成就感來自日常的言行表現。

澳洲學校同樣有校訓，校訓不是掛在牌匾上只有每天從下面走過時最靠近它，而是全校師生共同遵循並努力達到的精神和品格指標。各間學校的校訓小異大同，目標都是希望孩子未來成為一個正直、堅毅，對社會有貢獻的「好人」。

小學階段沒有考卷、分數、排行榜，但會在孩子展現出符合校訓或好的特質與行為時給予獎勵。愛用集貼紙、集印章讓孩子換取小禮物的老師不多，畢竟對這些物質豐裕的世代來說，小玩具的吸引力已不大，澳洲教育致力於培養的是從小建立做個「好人」的榮譽感，最簡單能貼在胸前、蓋在手背上、人人看得見的貼紙和戳章才是他們的最愛。因為好的行為而受到表揚、得到所有人注視，滿足小小心靈的是做為一個「好人」的驕傲。

有的學校採積分制，我們學校是孩子表現符合校訓時會得到一張班級卡，一張卡一點，集滿十點可換一張大卡，有特殊好表現的孩子可直接得到一張大卡（十點），五張大卡也就是五十點，上繳後學校辦公室會寄一張「個人成就卡」到家裡，這還沒完，終極目標是集滿五張個人成就卡，也就是兩百五十點。

這種比任何會員積點都複雜的制度最後換到的不是限量公仔、沙拉油或刀具鍋具組，而是一面小錦旗。我和小錦旗初見面時，用兩根指頭提著錦旗一小角，看著錦旗後那張興奮的小臉，無語感在內心爆炸，後來卻漸漸明白，如果說只要持續做一件事二十一天就會變成習慣，那麼小獎卡和小錦旗表述的就是一個又一個把好品格養成習慣的旅程，是那麼的渺小卻又浩瀚無垠。

澳洲的人文教育不只要求學生，也相當注重對孩子有舉足輕重影響的老師言行。

我兒小時候話很多，有次回家報告今天圖書館老師對他說：「你嘴裡有一個廣播電臺，你應該把它拿出來丟到窗外。」我覺得老師的形容幽默又好笑，告誡兒子講話可以不要打擾到課堂進度一番後就把這事擱下，後來在復活節全校帽子大遊行時碰到班導，當成笑話提起，用意是想說我知道兒子很愛講話，給老師找麻煩了真不好意思，不料班導聽完轉述，臉上驚恐的表情彷彿我正在他面前七孔流血。

「我真的很抱歉！」班導面色凝重，「她不該這麼說的。」

哦哦哦，我不是在告狀，我真心覺得很好笑，他很愛講話我知道的，老師說得是對的。

「對不對是另一回事，但是她說的話非常不適當。」班導鄭重說道，「孩子愛講話是正常的，不應該得到這樣的對待，無論什麼原因，老師都不該使用不恰當的語言。」

這讓我想起女兒小學三年級時有次代課老師叫他們寫詩，老師念了一句女兒寫的詩後用假笑的聲音說：「哈、哈、哈，好無聊的詩喔，誰會這樣寫？」還加碼問全班：「你們是不是也覺得很無聊？」孩子們當然都笑了。女兒很難過，把這件事告訴導師，當天導師就寫了一封長信向我說明並鄭重道歉。要知道，澳洲學校沒有聯絡簿，老師寫紙條給家長已是大事，一封長信可見得多麼鄭重其事。信中，老師再三保證她已經向學校反映要注意代課老師的行為。班導還為全班同學進行了一次特別「說話」，告訴他們嘲笑別人的創作是不對的，而且他們明知道代課老師的行為不恰當，就不應該跟著一起笑，最好還應該站出來挺自己的同學，不管對方是誰，都應該堅持做對的事。

澳洲人深深相信，文化和素質是教育出來的，是在小品格、小習慣中累積出來的。誰想像得到每年在國際居住舒適度、人民滿足指數、最適合定居國家評比中都名列前茅、乾淨漂亮的海灘吸引大批觀光客的澳洲，在二十世紀八〇年代時還充滿了惡意的歧視，海灘上和海裡全是垃圾？不到一個世代的時間，澳洲人做到了徹底改頭換面。

正因為意識到正確的價值觀是民族走向的根基，但改變已然塑型的成年人並不容易，最好是將根基種入國民教育裡，澳洲致力於將義務教育與所冀望形成的社會價值結合，現今澳洲社會裡許多美好的特質，都是在教育中潛移默化而來。當每一年都有在這樣的教育精神下教出來的學生走進社會、走入家庭，這批帶著新思維的大軍就會開始影響身邊的人、建立起良好的社會風氣、延續至下一代，讓制度、學校、家庭、整體社會相輔相成並形成一個良善的循環，也是澳洲教育成功之處。

學校的顏色

天下的爸媽都一樣，澳洲父母在幫孩子選學校的時候同樣會考慮校區、公立或私立、學校評價排名、設備資源和師資、交通便利性、學費負擔等。澳洲的十二年義務教育在小學階段結束後，不再細分國中（Junior high school）和高中（Senior high school），而是二合一中學（High school），六年都讀同一間。這對家長不失為一種方便，國教階段只需為孩子選兩次學校、記住兩個學校的位置就好，不容易顯得失職，尤其像我這種腦袋少根筋又鮮少在學校出沒的家長，可能才剛搞清楚孩子國中幾年幾班他已升高中，太不容易了。

澳洲學校大概分三種：公立學校、私立學校和教會學校。大略來說，公立學校照學區畫分，只要住在學區內來者不拒，既然是國家提供的義務教育，付學雜費即可，偶爾樂捐一下給學校添添設備買個ＢＢＱ檯。私校學生多半慕名而來，不見得都住附近甚至不在同一州，因此通常有寄宿這個選項；由於名額有限，私校需要排隊，名義上說是排隊卻不見得按照先來後到的順序錄取，學校自行篩選要收哪個學生且選擇標準相當主觀，學費沒有意外當然是爆炸貴，住讀再加倍。教會學校偏好該宗教的兄弟姊妹，但也開放些許名額給沒有信教的孩子，會不會被選上同樣主觀可能要問上帝，學費比公校貴但大約是私校的一半。

順其自然型家長擁護公立學校，自家房子落在哪個學區就念該學區公校，認為能讀書的孩子到哪兒都能讀，不擅長學業的孩子學習基本知識就好，未來的路選擇多得是。積極計畫型家長則認為學校對孩子的學習、性格養成甚至未來的社交圈都有很大影響，非得提前規畫找間好學校不可，為此可能孟母硬遷只為搬進「好公校」學區，或早早排隊砸錢念私校。自己就是私校畢業的家長經常理所當然認為孩子也該讀私校，但當然也有另一種極端是小時候在私校被欺負得很慘，打死不讓自己的孩子踏進去。

有趣的是，澳洲家長間還有一種很特別的討論主題，叫做「那間學校很白」。

學校白不一定是好還不好，要看說話時的語氣和時空人物背景，如果搭配的是點頭加上一個肯定的表情，意思就是說那間學校以澳洲人為主，且偏向傳統溫良恭儉讓，注重禮節和紀律，除了課業成績也很在意學生的人格健全和德智體群美均衡發展；如果配上的是擔憂皺鼻加搖頭，就表示那間學校「比較喜歡」白人，對非白人可能會有一點態度上的差別，甚至不那麼友善。

學校之所以很白的原因不外乎兩種，一種是該學區居民以白人居多，放眼望去學生自然一片白涮涮，一種則是私立學校的白。

申請私校入學排隊時除了要繳一筆為數不小的報名費，還得填資料，上頭的問題幾乎得把全家身家背景都交代一遍，有時父母還要繳一篇作文想辦法說服學校為什麼不收我的小孩會是你的損失。第一階段審核就看這些資料，學校若覺得不錯就會通知學生和家長去面試或考試，私校收學生的標準就是這麼主觀。

許多澳洲家長認為念私校的孩子在起跑點上已經贏過公校孩子的主因，不見得是私校教學或設備多好，他們更看重的是交際圈和人脈，畢竟在古怪青少年時期建立的感情非常獨特，就像哈利波特和榮恩與妙麗，若此階段一塊讀書、生活、叛逆的都是官二代、商二代、富二代，未來的社交圈無形中已然成形。孩子們一起從青澀走向成熟，眼界和想法類似的同時，還有著無可取代的革命情感，各擅勝場之際當然少不了互相幫襯助益。正是這一點讓許多父母想把孩子送進私校，尤其是自己已經位處高階的父母，更是對這種人際網絡的重要性有深刻的體會。

名聲響亮的私校大家擠破頭搶進，熱門到從懷孕就去登記都可能排不上（或是被更好的候選人擠掉）。學校說了算的審核標準從孩子本身的特質、有沒有能為學校帶來榮譽的長才、家長背景對學校是否有幫助，還有忠誠度。如果父母是校友或有兄弟姊妹在該校就讀，表示這家人是忠實客戶、自己人，排上的機率就很高甚至幾乎保證會上。沒辦法，澳洲怎麼說都曾是英女王的領土，英國人重視從一而終，澳洲多少也承襲了一點這樣的文化。

私立學校大多建校歷史悠久，在過去一直是以白人為澳洲強勢主流的時空背景下，讀得起、能被選進私校的自然幾乎都是白人，然後一路往下傳承當然多半還是白人，以至於很多私立學校都白。某些私校每年會釋放幾個獎學金名額讓成績不錯或有特殊才華的孩子報考，大概是唯一比較客觀的入學方式，少數不白的學生可能就是經由該管道入學。

不只非白人才會考慮學校白不白，白人家長同樣會討論學校白不白，定義好壞一樣得看說話的人物與背景。

有白人優越感的家長想把孩子送進以白人為主的學校，自然互相打聽哪間學校白。但白有時候也可能是高傲、勢利的代名詞，不少白人在白學校因為各種不同原因受到輕視、排擠和霸凌，甚至學生和家長同時都被霸凌。許多歷史悠久、享有盛名、名人校友一大串的學校都有霸凌嚴重卻被學校暗槓，或是學校帶頭霸凌的鄉野傳說，除非確定自己是絕對優勢的「白」，否則很多白人同樣對這類白學校避之唯恐不及。近年歸功於網路和社群媒體，私校霸凌和性騷擾的問題也逐漸浮上檯面。

朋友M的孩子屬於比較安靜的小男生，當初正因該私校名聲響亮才千方百計地把孩子弄進去，後來孩子在校無故被身材壯碩的大男孩欺負，嚴重到出現創傷症候群的徵狀，只要說到要去上學就嘔吐個不停，不吐到虛脫不罷休。

M向學校反映希望學校能有所作為，學校竟答覆「不要亂講，這不是霸凌，是你的小孩比較內向和別的同學處不來」，並診斷「妳的小孩太懦弱了，因為妳是單親媽媽，家庭不健全，孩子沒有一個爸爸的形象可以學習才會變成這樣」。M大哭：「我才剛離婚，之前家裡明明有爸爸，他現在每星期也有一半的時間和爸爸在一起啊！」我連忙安慰她畫錯重點，快辦轉學要緊！

另一方面，臺灣人眼裡已經算白的家長，竟然同樣擔心自己不夠白，我也才知道原來白還分等級。

鄰居E的女兒和我家孩子念同一間公立小學，小女孩在學校被霸凌得很嚴重，E積極找老師溝通協調卻得不到學校的回應，最後決定轉學到附近另一所公立小學。E對新學校讚不絕口：「二花，真的，妳應該讓安妮也來念這所學校，之前那間實在是不能比，這才是正常的學校！」後來因為校區重畫加上一些其他原因，我認真考慮讓那年將入學的兒子去念，順便讓女兒一起轉學。

在媽媽們的閒聊中提起，一個媽媽撇撇嘴：「我知道E一直大力推薦那所學校，但說真的，她和她女兒很適應不代表大家都這樣，我有不少朋友的孩子也讀那一間，她們說那間學校的媽媽們都很白，不好相處。」另一個媽媽加碼：「她們要求很高。」（They are very demanding）

什麼意思？妳們不也是白人嗎？

「我們這種白不算白。」

眼前的黑不是黑，妳說的白是什麼白？

「E很白、高個兒、金髮，所以她一去就和那邊的媽媽相處融洽，因為她們是同一種人，其他媽媽不容易打得進那個圈子。」

等等，去學校讀書的是小孩，媽媽社交碰壁有什麼好玻璃心？

澳洲學校因為經費補助不足，需要倚賴大量的志工家長，尤其是公立學校。什麼到班級裡幫忙削鉛筆貼書膜、經營福利社、賣制服、管理設備、整理圖書館書籍都是小事，時不時還要到校園中種花除草、辦活動時負責擺攤和燒烤，學校營隊活動所有的工作人員都由家長各自分攤，半夜還要爬起來巡夜。若碰到校慶和運動會這種全校性活動，家長們更是傾巢而出，就連開卡車載用品物資的都是志工家長，志工家長文化愈強的學校，志工當然愈有一定的分量和影響力。

老實說，做志工是順便，社交才是重點。打不進圈子或被排擠在外，最直接的影響就是小孩的交友。澳洲小學很早就放學，學校假期又多，孩子空閒時間多得是，一天到晚約你來我家玩換我去你家睡。這種時候，媽媽通常會偏好邀請相熟家長的孩子，或者媽媽們相約一起帶著孩子聚會，孩子們私下一起玩習慣了，在學校自然也成為小圈圈，其他孩子不容易打進去。

還有，千萬別忘了小孩最喜歡的生日派對。派對能邀請的人數有限，不常一起玩或是媽媽不偏好的朋友不容易收到邀請，當孩子苦著一張小臉低聲說：「我今年都還沒被邀請去過生日派對……」當媽的腎上腺素還不瞬間飆升？

媽媽沒有打進媽媽圈等於孩子打不進小孩圈，唇亡齒寒，為娘者哪能不老驥伏櫪志在千里。嚴重一點的，可能連老師都會有差別待遇，畢竟媽媽老在學校晃，時不時給老師捎個咖啡甜點話家常，老師比較注意她的孩子也是人之常情。有時甚至更明顯，期末或學年度頒獎時，得獎的一定是媽媽本人在學校積極活動的孩子，大家心照不宣，就當成犒賞媽媽一學期的付出吧。

於此看來，階級和種族歧視是另話，人與人之間的畫分，隨時隨地都飄渺隱晦地存在著。

順帶一提，澳洲學校每年都會舉辦參觀日（Open Day），可謂現場直擊學校設施、校園氛圍的大好機會。白不白？哪種白？哪個方向的白？統統將在參觀日當天現形。參觀日這天，學校會讓學生挑大樑加上老師從旁協助，隨便逮個學生或老師就能詢問任何和學校相關的問題，老師對教學是否有熱情、是否從學生的出發點為考量也可在此時略窺一二。這天也最能近距離觀察該校教出來的學生儀態和應對進退、感受師生關係和互動狀況，老師是大人了可以演，但學生的行為表現不會說謊（有的連嘴上也很誠實，你問什麼他就答什麼，學校有什麼八卦都一五一十告訴你）。

很白的學校是優點或缺點，取決於家長重視的是什麼，為此又願意犧牲什麼。同一間學校來自同樣家庭的孩子就可能有截然不同的經驗，這和每個學年、班級、學生組成和家長文化，以及孩子的個性與時運有關。

女兒的朋友G是典型的雪梨北岸女孩，白、有錢、家住北岸富人區，她和姊姊毫無疑問承襲媽媽衣缽，先後進入北岸著名的私立女校就讀，但和姊姊不同，G非常不適應，從一入學就狀況不斷，最後被勒令退學。由於G的父母認為該校是唯一無二的選擇，經過多次和學校磋商談判，最終用一大筆捐款讓G再次入學。可惜的是G不但沒有逐漸融入，連母女間的緊張關係都臨近崩潰。同事S的兩個女兒在另一間也是出名「白」的私立女校同樣碰到類似問題，經過一陣子的觀察和嘗試，S最終決定讓讀得不開心的女兒轉學，「沒有什麼比一個孩子的自信心和擁有快樂的能力更重要的事。」她說。

選學校就和買衣穿鞋一樣，別人的經驗僅供參考，自己的直覺和判斷最準，孩子的意見雖然很多時候流於蠢但不失為一項指標，畢竟花大半生命在那邊的是他們，有點話事權也是應該的。

那年我下定決心要幫孩子轉學就等他們拍板做最後決定，姊弟倆參觀完新學校後異口同聲大喊「好」！好在哪？「遊戲區很大！可以跑！」當下雖覺得自己一定是太蠢才問他們，但轉念一想，有心願意設計且在寸土寸金的城市校園裡保留偌大一片遊戲區的學校，對孩子的童真快樂一定是重視的吧，至少他們看到了孩子的需求並成功抓住了孩子的心。

最終，我們轉到那所據說很難打進白媽媽圈的學校，也的確明顯感受到非常不同的媽媽團文化，但還是有很多家長隨和好相處，像我這種學期都快結束了連學校都沒去過一次的媽媽，孩子也沒因此受到差別待遇，每天跳著去上學、和朋友瞎搞，該拿的獎沒少拿，快樂得不得了。

如果你來找我打聽我們學校白不白，我想你猜得到我的表情和回答，但要不要聽我的話撩下去，那又是另一回事了。

補習文化在澳洲

澳洲有很白的學校，那有很黑的學校嗎？

還真有，畢竟從亞洲到地中海到某些歐洲民族，許多國家和人種的髮色都是黑色或棕色偏黑，其中也有不少文化以學業成績為優先考量、認為工作有階級地位之分，因此黑學校的黑，是黑頭髮的黑。

澳洲小學雖然沒有考試，政府還是根據一些評估標準統計出了各所學校在學業表現上的排名以供參考（很玄，我不是專家，不知道他們到底是怎麼統計出來的）。西方教育以人文為基礎，深知學業成績第一名不代表師資、校風和學生發展就一定比較好，因此一般澳洲家長在小學階段不會特別在意學校的學業表現，反而比較希望孩子學習生活、享受童年、全方位發展，類似我們說的「全人」概念，但這種排名落入注重學業成績的家長眼裡，可就是塊寶了！

那年我在女兒學校的弦樂團擔任處理租借樂器的志工，學校規定租借樂器必須由家長親自到校檢查確認沒問題後才能簽名取回，電話聯絡的過程中，我發現很多家長根本不住在學校附近，但澳洲明明規定學生的居住地址一定要在學區內才能讀，加上當時那間小學是學業排名第一的學校，審核學生地址時非常嚴格，難不成大家都剛好搬家了？

後來我才知道，很多人為了讀到排名第一的學校想盡辦法租屋、買屋、借戶籍，難怪每次送孩子上學時經過學校旁的火車站，總見到許多風塵僕僕的家長拖著睡眼惺忪的孩子出站，雖說身為臺灣魂對這套並不陌生，但真沒想過會搬到澳洲來上演。

說到這，不得不提一對我碰過最有決心毅力的家長，夫妻倆礙於移民條件限制只能在偏遠地區經營生意，聽說這是第一名的學校非念不可，但學校離他們住的地方開車要六小時，夫妻倆於是在學校附近租了間套房，每學期輪流一人帶著孩子住在那裡方便上學，另一人則留在家裡照顧生意，學校假期時再全家團圓。

澳洲公立小學從五年級開始設置OC班（Opportunity Class），但不是每間學校都有，考試方法是全州聯招填志願，除非本來讀的學校有OC班又剛好考上，不然得轉學去讀。OC班中文譯成資優班，我覺得不夠貼近事實且有誤導嫌疑。澳洲的OC班起源是針對有「天賦」的孩子，所以也稱作 gifted and talented class，有的家長看到「opportunity」、看到「資優」，覺得只要進了那個班就是贏在起跑點，會獲得特別的師資和教學，幫助孩子將來考好中學、好大學，為此把孩子送去補習、聘請天價鐘點費的家教，只為了考上OC班。

近幾年某些地區補習班林立，到處都是 coaching centre，讓人有走進臺北南陽街的錯覺。補習和家教當然不是誰的專利，澳洲本來就有補習班和家教，但教學對象是針對學習明顯落後的孩子。

逐漸地，OC班裡有多少孩子本屬天賦異稟已不可考，但努力補習不能少。偏偏剛好，注重學業成績的文化都以髮色黑的人種居多，久而久之，學業排名在前的學校和OC班成了黑頭髮學生的天下。

我家學區所屬的那間小學不巧連續幾年排名都在一、二名間來回，女兒剛入學時全校大約只有三分之一黑頭髮學生，那幾年剛好遇上澳洲大量開放移民，等女兒快畢業時，班級合照拿出來，每班非黑頭髮的孩子已經五根手指就數得完。

然而，OC班的設置原意是以啟發有天資的孩子廣泛接觸知識和深度鑽研學問為出發點，並不是為了升學考試做準備，反而經常進行校外教學或做專案研究。很多抱著「資優班是為了考好中學做準備」的父母發現事實後無法接受，覺得這些全是和「學業成績」無關之事，學校或老師在混，事實上是被自己預設的認知框架誤導了。

黑頭髮小學到了中學階段又有不同的發展。澳洲的公立中學有個特殊選項叫做 Selective Schools，同樣以聯招考試入學，中文譯成「菁英學校」，又成了另一個特別招人誤會的翻譯。

澳洲政府設立這類學校的目的是為了讓那些在學術上特別有天賦的孩子可以在一個特殊環境下學習比一般學生更進階的學理，和英文中真正的「菁英」（elite）意義完全不同。被「菁英」這麼一翻譯，很容易誤導成只有進入該校的學生才優秀、才是菁英，或認為只要進入該校就讀自然會變成菁英。英文「selective」在翻譯後也可能讓人以為是某種特選學校，有特殊師資或課綱，造成許多家長以把孩子送進菁英學校為畢生任務。

澳洲小學生沒有考試，之所以用考試選拔OC和 Selective Schools 的學生，考量的是天賦異稟的孩子有超出同齡孩子的組織能力和邏輯，並因理解力比同齡孩子強，會涉獵較艱深的知識，解題和答題的表現自然突出。當然，這不見得是最完美的做法，但建立在所有學生都未受過「考試訓練」的水平之上是趨近公平的。澳洲教育不斷強調「不要、也不需要為OC和 Selective Schools 考試做準備」，因為他們想找出的是「有天賦」的孩子，而不是「會考試」的孩子。

可惜的是，對習慣考試的文化來說，考試＝準備＝再準備＝補習＝再補習。為了考進菁英學校或以升學成績好著名的私校，有的孩子可能從小學一入學甚至幼兒園就開始補習，在補習班裡用超前學習、考古題、反覆練習，一題一題堆積起眾位菁英，補習文化也就這樣被硬生生地移植到了澳洲的土地上。

那些推崇西方教育制度，千方百計辦移民好讓孩子在國外受教育的父母，不由自主地將自己成長的經驗複製在孩子身上，使得孩子雖然身處西方教育體制，卻過著和在父母原生國家沒兩樣的日子。無巧不巧，時興這套的家長多數來自髮色偏黑的文化背景，到這些學校的校門口站站或拿出孩子們的學校合照，放眼望去一片黑。

雖說澳洲人對補習現象已見怪不怪，但也有愈來愈多人開始覺得這是需要撥正的亂象，因為愈來愈多人為補而補或不得已而補，畢竟大家都在補習，不補習反而落後了。

設置ＯＣ和 Selective Schools 的原意是要讓有學業天資的學生在特殊設計的教學引導下，發揮天賦、鑽研學問，但現在，真正天賦異稟的學生卻被補習班訓練出來很會考試的學生擠掉了。喜歡讀書、擅長讀書完全沒有問題，天資聰穎的黑頭髮孩子也多得去，但把學業當成唯一志向齊頭式達標的觀念，大大違背了澳洲的人文教育與行行出狀元、人盡其才的教育理念。「學習至上」、「學霸才是菁英」的觀念無形中也犧牲了太多品格與德性的培養。這幾年澳洲內部開始有將ＯＣ和 Selective Schools 入學制度從考試改成遴選的聲音，甚至喊出設立「白人保護名額」的提議，不過這又是後話了。

除了 Selective Schools，有些以學業發展為主軸的私校也會透過考試成績選學生，讓經過嚴格考試訓練的黑頭髮學生大占優勢。當然，這種考試結束後不會發還考卷讓你檢討，甚至可能不會告訴你考幾分，客觀之餘，依然很容易被主觀因素左右。

之前美國名校用錢買位置的醜聞鬧得眾所皆知，澳洲大學不算世界名校比較沒有這種煩惱，一位難求的著名私校卻仍然逃不過被標價的命運。不能說的祕密在坊間流傳，某某學校市價澳幣四十萬（百來萬臺幣），對出得起的家長來說，俗啦！這種時候當然不分黑白，花花綠綠的鈔票最美。經過幾十年的移民政策開放，有堅強硬實力的黑頭髮人才濟濟，澳洲某些名聲響亮的私校近年也有由白轉黑的趨勢。

公校、私校、白學校、黑學校……究竟哪個好其實沒有定論，澳洲有很多優秀的公立學校，私校也各自精彩，真正重要的應該是孩子能在一個身心都感覺絕對安全的地方受教育和成長，有關心孩子的老師、穩定寬容的環境，讓學校不只是學習課業，也是訓練孩子自信、自控和生活能力的地方，最終長成一個熱愛生活、熱愛學習、良善有禮的人。

傳統澳洲人不認為學業成績好就是一切，不特別覺得孩子一定要是資優班或菁英學校才比較高級、未來才有出息。相反的，他們認為一個完整的人除了學業，更重要的是能享受生活、關心社會，這樣才算得上一個有用的人。撐得起自己頭上一片天的不是成績單，而是內心的堅強與韌性；懷抱得起幸福的也不是比較和競爭，而是溫暖與共好。

我私心以為，如果溫暖和諧且相互尊重體諒的社會是澳洲吸引人之處，是不是不去改變造就如此社會的教育理念，才是最好的呢？

PART V

澳洲限定極短篇

澳洲人都是罪犯的後代？

COVID-19疫情牽扯出來的中澳貿易拉鋸戰害得活跳跳的澳洲龍蝦無辜滯留中國海關，新聞畫面不斷放送一池池吐著泡泡抓起來比一歲小兒還大的龍蝦，高來高去的貿易市井小民感受不深，但這下酒菜的畫面可就太親民了！一夕間，大家都在討論澳洲總理如何不顧農產品和紅酒被課天價關稅，硬氣地來個玉碎瓦破：「不給進就不給進，龍蝦子民們忍住，等我也來掐住他的煤礦鐵砂！」

很多人說：「澳洲白人的祖先都是英國重犯流放過去的，骨子裡本來就是不好惹的基因。」澳洲人真的都是罪犯的後代嗎？

若被問到這題，很多澳洲人確實可能笑著回答：「是啊，算是吧！」這種似乎不是很光彩的過去，澳洲人既不避諱也不介意。澳洲孩子在學校都會做家族樹，回家挖掘家族史，家人也很樂意讓孩子把故事帶到課堂上和其他同學分享。第一次聽到孩子理所當然說出「我爺爺的爺爺的爺爺是在英國犯了罪的小偷，被流放到澳洲來」時，我雖然大略知曉「澳洲人的祖先是罪犯」這事，仍對此番驕傲陳述相當驚訝，如此昭告天下，爺爺的爺爺的爺爺會高興嗎？

澳洲這國家的歷史固然很短，這塊土地的故事卻很長。

澳洲歷史可能可以從庫克船長（Captain Cook）來到澳洲說起，但澳洲不能說是庫克船長發現的新大陸，因為在他以前很多人都來過。澳洲的歷史錯綜複雜，大家比較熟悉的無疑是歐洲拓荒者來插旗與英國流放罪犯這一段，但其實再往前溯源，澳洲原住民早在六萬五千年前就從非洲抵達澳洲，也有考古學家認為早在十二萬年前就有史前人類在澳洲生活，很可能是經由跳島遷徙，從東南亞和非洲一路向南，最後落腳澳洲。

根據基因分析，澳洲某些原住民的基因和新幾內亞與東印度原住民的基因多處相似，某些族群的基因甚至和臺灣原住民高度相似。這些來自四面八方歷時久遠的遠古遷徙，造就了澳洲原住民種族、聚落、語言、風俗等的分散性與高度差異。澳洲原住民的種族繁多，光語言就上百種，某部分也解釋了當歐洲拓荒者來到澳洲時，原住民之間無法串聯合作共同抵禦的原因。澳洲原住民的歷史盤根錯節，至今仍是一幀考古學家、歷史學家、原住民專家致力還原的巨大拼圖。

來到這塊土地的歐洲拓荒者前前後後有好幾波，但正式宣稱「這是我家後花園」的是當年熱中於開發殖民地的英國。所謂日不落帝國，就是因為英國在南半球也有國土接續北半球落下的陽光，收編這塊南方大地讓大英帝國的旗幟在女王酣睡時仍在南極風中飄揚，也只是剛好而已。

當時的澳洲除了有很多長相稀奇古怪的動物外，真正是狗不拉屎，因為澳洲根本沒有「狗」，就連現在常聽到的澳洲丁格犬（dingo）都是外來種，而且牠明明就和狼比較接近卻硬被叫成犬，後來還被歐洲人帶來的狗欺負，實在無奈。

不意外，如此不毛之地，用來流放犯人再適合不過。流放犯人自古中西方都很流行，大概是主事者不想背負殺生的罪名，乾脆把人丟到掛掉機率很高的蠻荒去，反正我仁至義盡，你自己活不下來可不關我的事。

當年的英國正值工業革命時期，社會貧富差距大，被機器大量取代因而失業、為了填飽肚子不得已偷竊或搶劫的人盈千累萬，罪不至死，英國監獄卻已關不下更多。本來有個很好用的遠洋監獄叫美國，但自從他們翅膀長硬獨立後就拒絕再接收英國犯人，這下好，那就送去澳洲吧。那時候的澳洲其實還有其他歐洲拓荒者虎視眈眈，把犯人送過去不但能解決監獄人滿為患的問題，還可收拿盆栽占車位之效，順便有免費勞工開墾殖民地以提升英國經濟力，一舉數得。

當年的犯人並不是我們想像的重犯，犯的很可能是餓到受不了偷一條麵包或冷到不行偷一雙靴子這類小罪，而且很多都是年僅十幾歲的年輕孩子。這些人在澳洲主要從事開墾這類勞動工作，服刑期滿後可選擇自費返回英國或留下，回英國畢竟花費和風險皆高，再說在澳洲待了這麼久，英國現在也不知道變怎樣，大部分人最終都選擇了留下。英國政府也算照顧自己的人民，把部分從原住民手中騙搶來的物資和土地分配給這些犯人，他們也就成了傳說中的「澳洲人罪犯祖先」。

但話說回來，要說「澳洲人都是罪犯後代」也不全對，翻開澳洲歷史就知道，澳洲人種從古至今一直很多元，祖先群當然也很熱鬧。根據統計，現在的澳洲人口中只有二十%是流放罪犯的後代，其他人的祖先可能是因為航海時代漂流來此的歐洲人，或是跟隨淘金潮大量湧入的歐洲、東南亞和華人移民，當然，還有澳洲原住民。

不得不承認，澳洲今日的穩定和進步有很大部分是犧牲原住民的土地、生存、權力與利益換來的。當年為了打壓原住民，澳洲政府訂定過很多不平等的法律和政策，有段時期甚至強行把原住民的孩子從父母身邊、部落之中連根拔起，配送給白人家庭，想藉此洗白原住民種族，這些孩子則稱為「被偷走的世代」（stolen generation）。那是一場極為慘烈的人倫悲劇，撕心裂肺的痛持續了這麼多世代仍在掙扎，至今還有許多人持續找尋自己的根，很多長者依然不知道後代流落何方，該政策也的確造成了澳洲原住民種族和文化的殘酷斷點。

一九九八年，澳洲政府正式向這片土地上最初的居民公開道歉，把每年五月二十六日訂為全國道歉日（National Sorry day），雖然仍有政客宣稱澳洲人民不需要為那些他們沒有親自做過的事情道歉，政府這些年致力於彌補前人錯誤的勇氣和心意卻有目共睹。

今日在澳洲很多的表演、演講、會議和致詞場合裡，活動開始前都會先念一段聲明，大意是「我們承認這塊土地屬於最先來到這裡生活的原住民，我們理解這塊土地與其居民和歷史連結的重要性」，很多人的電子郵件簽名也會附上這段話。不知道來龍去脈的人可能覺得突兀、看不懂在幹嘛，但這是來自澳洲人民發自內心願意主動承認、面對，並記住這段不光彩歷史的心意，我覺得是很了不起的勇氣。

澳洲人這種「我罪犯我驕傲、我做錯我道歉」的開放心態，讓他們在很多關鍵時刻都能保持泰然自若。即便沒有剽悍的基因，堅韌的底氣是有的。澳洲政府在譴責他國種族政策不人道時，多少次被指著鼻子說：「你們以前那樣對原住民，現在憑什麼批評？」曾是英國流放犯人的殖民地歷史也多次被提起，意有所指地貶低澳洲人出身下賤沒資格開口，面對這些，澳洲人不在乎，雙手一攤：「這就是我們，我們擁抱過去，知錯認錯。過去成就現在的我們，也讓未來的我們更強大。」

澳洲國徽上有兩隻動物，袋鼠和鴯鶓（ㄦˊ ㄇㄧㄠˊ，又稱澳洲鴕鳥），很多人以為因為是澳洲土產所以榮登國徽，其實不是，不然鴨嘴獸和無尾熊豈不更可愛，沒被選上難不成是歧視腿短的？

之所以選擇袋鼠和鴯鶓是因為，這兩種動物由於體型和身體結構的關係，無法向後走。國徽取其寓意，期許澳洲人民勇往直前，遇到困難阻礙可以 fight 也可以跑路，但絕不後退嚕。澳洲人回頭看知道錯誤且誠心認錯，但不陷在過去裡打泥巴戰，不讓怨懟和憤恨浪擲光陰，而是把力氣放在如何用現在與未來的資源彌補過去的錯誤。

澳洲正式建國至今不過短短一百多年，但願意拾起歷史、典藏經驗與教訓的精神，讓它成為一個爆發力十足也攢聚著歷史力量的年輕人，得以在時代中螺旋前進。以這麼一個年輕、人口又不多的國家來說，從平均生產總值、經濟體、人類發展指數與居住舒適度各方面都能在世界排名中名列前茅，每年吸引大量觀光客和大批移民，或許正是因為敞開胸懷擁抱過去、勇於承認不完美與錯誤、把握現在創造未來的豁達心胸。

讓我們談談歧視

兒子三、四歲時，有天我們在大馬路邊經過一家專賣波蘭餐具的店，色彩繽紛的盤子相當吸引人，但帶著年幼孩子進去這種很好砸場的店實在太令人緊張，最好想好了再進去直接買了就走，速戰速決，於是我佇足在櫥窗前盤算哪個盤子可以做什麼用途，兒子也湊上來用衣服擦櫥窗。

那是一條像臺北市民大道那樣兩邊都三線道的繁忙大馬路，我正想叨念「玻璃很髒你不要去嚕」，話還沒出口，抬頭正巧看見裡頭一位大叔臉上帶著很不禮貌的表情，嘴裡念念有詞，打開門用鼻孔看著我很不客氣地說：「你要付清潔玻璃的錢嗎？」

這麼大的馬路又是灰塵又是油垢，玻璃本來就髒，我兒子基本上是在幫你擦玻璃耶！為了國家形象絕對不能露出歐巴桑罵街的模樣，我雙手一攤，不置可否地笑著說：「大馬路邊的櫥窗本來就會髒，髒了就髒了啊！」

大叔的臉抽了一下，沒再說什麼，關門進去了。

想到女兒小時候也有過類似經驗，同樣是在這個以「富裕且白」出名的區，那次她連玻璃都還沒碰到，只因為櫥窗顏色深所以靠近一點想看清楚，店主就在裡面大力敲玻璃趕她走。

歷史重演，我忍不住在聚會上問澳洲媽媽：「這不是第一次發生了，是不是我無意間冒犯了澳洲文化？澳洲的櫥窗是不是不可以碰、不可以靠近？」

「才沒有。我從來沒聽過這種不准摸櫥窗的事！誰在乎櫥窗呀？都是清潔工清的啊！笑死我了。妳一定覺得澳洲是不是有一條法律規定不可以摸櫥窗，而妳不知道。」整桌澳洲媽媽全笑翻了。

「是啊！有沒有？」我真的想知道。

「廢話，當然沒有！」她們異口同聲，附贈一個白眼。

「我是說，如果我的孩子去舔，或用流著鼻涕、吃著東西的髒嘴髒手去抹窗戶，我絕對會阻止他，我不但會鄭重道歉還會主動擦乾淨，但他只是用衣服去擦窗戶，這樣觸犯到澳洲文化了嗎？」

澳洲媽媽們覺得我瘋了，七嘴八舌相勸：「胡說八道，哪個小孩不摸櫥窗！」「我的小孩一天到晚在貼櫥窗，從來沒有人說過什麼。」「就是啊，再說那個是馬路邊的櫥窗耶，有差嗎？」「我不懂這些人怎麼會這樣？他們明知道這樣對待人家，人家就不會給他生意做，他們為什麼還要這樣？」

她們頻頻安慰：「妳現在一定看到孩子靠近櫥窗就緊張得要命了。」

我撇撇嘴：「是啊，不然下次約妳們一起帶孩子去摸摸看，看誰的孩子會被罵⋯⋯」

無獨有偶，朋友莉莉有天無奈地說，那天她帶一歲多的兒子上超市買菜，將採購物品放進後車廂後發現錢包似乎不小心留在櫃檯，眼看孩子已經在安全座椅上睡著，超市和停車場只有一層樓的距離，她先打電話回超市確認，也請超市人員幫她準備好她馬上回去拿，打算趁著將購物車推回放置區時趕快跑上去，馬上就可以回來，便鎖起車門快跑上樓。

來回不到三分鐘，回到停車場時，她發現一對老夫婦等在車邊，看見她立刻破口大罵她不該把孩子獨自留在車上。莉莉也知道這樣做的確有風險，對方的顧慮是對的，頻頻道歉並解釋實在是看孩子睡得熟，保證自己只離開了幾分鐘。沒想到老婦人大聲咆哮：「我們澳洲沒有這樣的，滾回妳的國家去！」

莉莉哭喪著臉：「我的確做錯了，我認錯。但這和滾回我的國家去有關係嗎？我明明是澳洲人啊，要滾回哪裡去？」

莉莉祖上有斯里蘭卡血統，黑頭髮且皮膚顏色較深，但世代居住在澳洲，在澳洲出生的她只會說一種語言，叫做英語。

這，算不算歧視？

歧視（discrimination、racism）在澳洲是非常嚴重的指責，是可以訴諸法律的指控，一般人不會輕易從這個角度評論，言談間也會很小心地避免帶到這個話題上。然而，這並不是因為澳洲沒有歧視，反而表示歧視一直都存在，才必須用政策預防和杜絕，才需要這麼戰戰兢兢深怕踩雷。

隨著這幾年「外國人」在澳洲大手筆買房將房價炒至天價，新聞已經不只一次報導亞洲面孔的人在大街、公車、火車上被澳洲白人指著鼻子說：「都是你們害我們買不起房子，滾回你的國家去！」也發生過白人在大眾運輸工具上要求亞洲人讓位，理由是：「這是我的國家，要坐椅子滾回你的國家去！」

各大學校校園內，甚至移民比例在澳洲各地算很高的雪梨街頭都出現海報和傳單，要亞洲人滾出澳洲，把工作權還給澳洲人。更有政黨打出外國人統統滾出澳洲，讓澳洲「回到」白色的政見。我在職場上也被有意無意說過：「你們亞洲人是很厲害啦，房子都被你們買走了，工作也都被你們做了。」

澳洲在歷史上曾經因為推行白澳政策而臭名遠播，令人髮指的原因主要有兩個：第一，如此明目張膽的種族歧視之囂張之白目所以惹人厭；第二，提出白澳政策的「白」人所聲稱「擁有」的土地，其實是從澳洲原住民手中偷搶拐騙來的。等於是跑去人家家裡吃喝拉撒睡，還大聲疾呼、昭告天下：「這是我家，沒我的允許誰都不許來！」

自從廢除白澳政策後*，澳洲政府亟欲洗刷此一污名，大量開放外國移民的同時，也大力推動多元文化社會（multi-cultural society）。不得不說，澳洲政府確實用心又積極地推動了許多政策，加上傳統澳洲人的本性其實淳樸又善良，對外來移民的容忍度和接受度算高也算友善。那麼，為什麼在地球村愈來愈成型，澳洲移民人口節節攀升的二十一世紀，白澳政策會捲土重來呢？

讓現代澳洲人喊出白澳政策的導火線，早不再是單純的種族優越感，更多來自於覺得新移民對澳洲本土文化不尊重所產生的反感。因為除了房價拉高，若真要說有什麼衝擊全民的大事還真沒有，全是些細微的小事。

然而，這些小事正是澳洲傳統教養中許許多多善良禮讓的展現，也正是這些會讓外鄉人感到驚喜與溫暖的小美好最受澳洲人珍視。不難想像，當他們看見新移民悖守這些文化時有多麼驚嚇與厭惡，從不排隊、愛插隊、路邊便溺、亂丟垃圾、違規停車、不遵守交通規則、違建、用人頭帳戶或現金交易逃稅、詐領社會福利金到搭車逃票，統統都是傳統澳洲人教養中非常嫌惡的「自私、不誠實」行為。

當然，澳洲本來就有這種人，但整體情況的確隨著移民人數的增加而逐漸變成嚴重的社會問題。由於被抓到或被目擊的多數都是移民，自然形成「移民都不守規矩」的刻板印象。也正是這些平常不會特地注意，只有長期生活在其中、親身體驗到不同的人才會感覺到的枝微末節，讓習慣傳統澳洲文化的澳洲人覺得非常不舒服，覺得自己的生活品質受到侵犯，漸漸便拉開了「澳洲人」和「非澳洲人」的距離和認同感。

身為移民，眼看過去近二十年來移民人口帶給澳洲社會結構和生態的轉變，我必須很誠實地說，有時真的不怪他們如此反感。

無論是因為嚮往澳洲的民情、文化，還是為了更好的教育和生活品質而來，移民如我，放棄已經擁有的一切，離鄉背井、飄洋過海，終歸是為了追求更好的環境與選擇。不可否認，如此連根拔起再種，土壤是新的，空氣和水都是新的，已然定型的習慣和觀念依然隱隱跟著我們，有些也難免移植到了這塊土地之上，但當這些「不一樣」的數量龐大到一個程度時，無形中便挑戰甚至取代了最初吸引我們而來的那些美好。

身為移民之一，我自己看著這些美好都深覺可惜，也不難理解對自身傳統和文化珍視且感到驕傲的澳洲人心中的無奈與憤恨。溫和一點的澳洲人，搖搖頭、嘆口氣，避免住在移民人口多的區、避免和移民打交道。激進一點的澳洲人，寧可殺錯不可放過：「為了保護澳洲的文化和價值觀，不如把這些人都趕走，一了百了！」當然，澳洲的移民不只亞洲人，只是

＊白澳政策的停止是一九五八年，但六〇、七〇、八〇年代經過了許多次法案修改後，才算是真正去除了白澳政策，因此嚴格說來並沒有一個確切的分水嶺。

剛好我們的皮膚顏色容易辨認於是成了攻擊標靶，我身邊也有很多「白的外國人」，他們在被發現「不是澳洲人」後受到排擠的故事其實也不少。

看見澳洲人搖旗吶喊要恢復白澳政策、當亞洲面孔被路人莫名謾罵時，我很難過也覺得受到侮辱；轉頭看到新移民帶給澳洲社會的衝擊，我卻也有對澳洲人的同情和理解。這很難說究竟誰對誰錯，外國人和本國人的差異點和平衡點終究是一道難解的題。

很多時候，歧視和文化矛盾只是一線之隔。對移民來說，保有自己的原生文化和習俗無可厚非且理所當然，但若是不尊重當地文化、民情和法律，難免惹人反感。

好比說，澳洲文化接受你把房子蓋成地中海式、中國庭園式、日本禪院式，但修建前要考慮周遭鄰居的觀感、隱私和安全，還必須經過區公所同意，整個過程中，鄰居都會收到你的改建計畫通知且有權力提出反對，因為在澳洲，每棟房子都和該區的整齊、美觀、治安和居住舒適度有關，更關係到當地房價。

然而，不熟悉法規和文化的移民想蓋就蓋、想怎麼蓋就怎麼蓋，或是隨心所欲地違章搭建或改建，犯了左鄰右舍、路人和區公所的大忌。在澳洲人的認知裡，「把房子維持在對的狀態」是每位屋主的責任，就連門前的庭院和人行道上的草皮都該整理修剪得乾乾淨淨，不讓路過的人看了阿雜。

再舉一例，澳洲人很認同移民者維持說母語、慶祝自己文化的節慶，很多地方甚至主動把它變成一個大型活動共襄盛舉，趁機讓大家認識不同的文化和風俗，也能更認識來自該文化背景的人並促進彼此間的交流。但是，澳洲人受不了大人把圖書館、商店、購物中心當成免費遛小孩的場所，任孩子在閱讀區、座位區、書架、貨架間追逐嬉戲，自己提高音量用著旁人聽不懂的語言大聊視訊，這些在原生國家「沒什麼」、「大家都這樣」的行為，卻和澳洲文化大相徑庭，衝突於是產生。久而久之就演變成對特定民族，甚至對所有「外來者」的刻板印象，無差別攻擊亦隨之而來。

歧視從來就不是誰的專利，當我們所謂的古聖賢說「非我族類、其心必異」，不也是明晃晃的歧視？

然而，歧視只是因為種族、文化不同嗎？這些年來，我在讀書、工作、生活、養育孩子上都曾遭受不平等待遇，除了種族和膚色，文化、血緣、語言、身分、階級，甚至年紀，都可以是歧視的理由。有人被標成「人生勝利組」，自然有人是「人生失敗組」。年紀輕被說「嘴上無毛辦事不牢」，年紀大被嫌「老賊」或「老而不退不給年輕人機會」……這些，何嘗不是一種變相的歧視？

仔細推敲，除了種族隔閡，更多的是藏在人性深處的比較心理，都不是只有到了異鄉才會發生，而是在任何地方都殘忍地存在，只是機率和機運各有不同罷了。

澳洲有沒有歧視？絕對有，且再正常不過，但一路上我也獲得很多溫暖，學到很多應對方法。從一開始傻傻被欺負了都不知道，到明知不公平卻不會也不懂得如何爭取，最後學會據理力爭、表達自己的不滿和想法、捍衛自己的權益，而傳授我這些訣竅、給我最多幫助和溫暖的，同樣是澳洲本地人。

歧視可以被無限放大，也可以一笑置之。

反求諸己，是我這些年來在每一次經驗中學到最受用的想法。反求諸己絕對不是指什麼都怪自己，更不是要檢討被害人。而是先看看自己是不是有觸犯到當地法律、規則和文化之處，如果有，表示人家反感的不是針對你這個人或民族，而是這樣的行為。不知者不罪，既然知道了，那就做些調整。如果沒有，那純粹就是對方個人喜好或性格問題。現實就是，你不可能透過馬路邊隨機發生的叫囂比賽而改變另一個人的想法和信念。

沒有人喜歡被指責、被討厭、被羞辱，但真的不需要讓別人的性格缺陷成為我們的負擔，畢竟每在心裡多糾結一次、多回想一次，就等於又多被罵了一次，何必？別人已經來跟自己為難了，自己別再和自己過不去。人生還有很多更重要的事，我們都要學會選擇戰場，在吆五喝六也無法改變他人認知時省下力氣，在不需要對號入座時從容優雅地昂首闊步離開，那就比別人多完成了一項修煉。

我不能選擇要不要被歧視，但可以選擇不讓自己無法控制的人事物主宰我的情緒和過日子的方式。要說這是阿Q也行，我反正是心安理得，歌照唱舞照跳，一夜好眠。

文化不同升遷碰壁

在白人為主流人口的國家流傳著一個不用說的祕密：「好工作和升遷只有白人的份。」以優異成績進入公司，眼看成績較差、學歷較低的人扶搖直上，自己卻苦等不到升職機會，可能連求職都處處碰壁，若不是主管嫉妒英才、故意排擠有能力的人，肯定是膚色出了問題。

那還真有可能，至少在澳洲是有可能的。

無論再怎麼讚揚澳洲是個多元社會、對種族包容、追求平等和諧，偏好「自己人」是大家心照不宣的人性。而區分「自己人」最初階的篩選條件當然是膚色和種族。坊間流傳，在澳洲找工作，無論實力、年資多相當，求職成功率和升職機率的排列順序大概不脫：澳洲白人↓英國白人↓非澳洲人白人或非白人澳洲人↓非白人且非澳洲人。

說「可能」是因為沒有科學證據，畢竟很少人敢公開承認「對，我就是種族歧視」，但表現在具體行為上卻是一點也不吝嗇！

有的直接鬼遮眼看不見「非白人」，迎面而來擦肩而過，管你對他微笑、向他打招呼，他目不斜視、耳不妄聽，當你塑膠還算恩惠，他直接當你是個屁（絕對不是當你空氣，空氣很重要，在他們眼裡你不過是一種多餘的氣）。有的怕落人口實，尤其是那些有點身分地位的，要是被安個歧視的罪名那就麻煩，所以個個都是影帝影后，完美演繹皮笑肉不笑的同時還用志玲姊姊的聲音和語氣叫你「加油喔～」，事實上卻一個機會都不給你。沒有為什麼，反正看到你的臉甚至你的姓氏就認定你比較低等。很糟嗎？喔不，這還不是最糟的，很多人發現，明明對方和自己是「同一種」人，卻沒有像白人護白人那樣，反而更嚴格、更不假顏色，「最會歧視的反而是自己人！」叫人氣噗噗。

身在異鄉，求職和升遷若不順利，膚色和種族是最單刀直入的解釋，拿來安慰自己也很具說服力。但同樣必須客觀地說，很多時候不見得是絕對原因，一個人本身的文化和行為也總有可以留意和調整之處，如果只用種族和膚色解套，放棄追尋背後真正原因，很多時候反而錯失了機會而不自知，相當可惜。

第一種職場碰壁叫「文化誤解」型。

職場新鮮人F問：「上班第一天經理就邀請我去喝一杯，我和他們又不熟，這樣還要去嗎？」放心，這種「喝一杯」不是去酒店拚酒，只是下班後繞到附近酒吧喝杯啤酒閒聊。「喝一杯」在澳洲職場中是熟悉彼此和增進感情時舉足輕重的角色，也是澳洲辦公區或商業區一定有酒吧的原因。

當然要去！尤其F的企業背景很歐式，在他們的文化裡，上司找你去喝一杯是看得起你，是把你當成重要的團隊成員，第一次邀請不去，很可能就沒有第二次了。只不過F終究沒去，沒多久也離開了公司，說是覺得和裡面的人格格不入，大家都不喜歡他。

我聽過很多澳洲主管這樣評價員工：「他／她就是管好自己的事。」一句乍聽波瀾不興、很中性，其實別有深意。「管好自己的事」算讚美嗎？表示這個人恪盡職守、不越權、不踰矩？不好意思，在重視團隊文化的澳洲職場，這句話代表「這個人不是一個好的團隊人員」。

每天準時上下班、把上面交代的事都做得很好、表現也很優秀，這樣不算對團隊有貢獻嗎？不，澳洲人很愛講，動不動就要腦力激盪，對於只做好自己的事、很少發表意見或參與討論的員工，那就是薄薄一片感覺不到他／她的存在。「管好自己的事」延伸之意就是「勉強湊合著用可以，但不好用，用起來不順手」。換句話說，不是一個值得推薦的員工，升遷或工作當然就經常碰壁了。

確實，沒人有義務和同事勾肩搭背成為心靈伴侶，但幾乎每一份職位描述——特別是你簽過名的那份——都會提到「團隊合作」之類的字眼。在澳洲，幾乎每位員工都被要求成為一個好的團隊成員，要是有人在團隊裡像個隱形人，就等於沒有和團隊抱持同樣的願景（本人可能覺得有，但別人感覺不到呀），也沒有對團隊的凝聚力做出貢獻，這樣的人說什麼也不像是「自己人」，還可能給人「他不想和我們成為自己人」的印象。自以為被排擠，結果人家還覺得是我們先排斥他們，有夠冤！

從小到大，我們的學習和工作文化都不太強調團隊關係和精神，「把事情做好」最重要，最好囡仔人有耳無嘴，閉嘴才是乖寶寶，做就是了哪來這麼多話說。當英語不是母語，在澳洲時間不夠長、對文化不夠了解時就更吃虧，人家講什麼哏、什麼迷因都接不上話、抓不住笑點。

尤有甚者，本來在講話的澳洲人一聽到音樂或突然有人起音就扯開喉嚨也就罷了，還配動作！若像我走「我愛中華、我愛中華，預備唱！」路線，平常只好多多充實英文老歌和流行歌，只盼有一天能跟上帶動唱的節奏。澳洲人還很愛聊運動，尤其男性主場，個個都是運動名嘴，政治和時事反而不是熱門話題。很多意識到這點的亞洲朋友都自承為了打進話題特地惡補各項運動和球類知識，明明沒興趣也要和同事去酒吧看球賽，得分時假裝高潮。

你可能覺得不需要這樣委曲求全，做好自己的事就好，但若因文化隔閡而放棄融入，別人很難了解你只好自行解讀，解讀結果往往無法反映你真正的面目和實力。究竟是別人關了我們的門，還是我們躲在門後不願見人呢？

表面看來「工作都先給白人」，扒深一點會發現很多是文化隔閡產生的互相誤會。很多人看不起澳洲人一張嘴猴溜溜，內在極可能是個草包或雙面刀鬼，但這世界偏偏就是話愈說愈明、感情愈喇賽愈親，不能老是月亮代表我的心，你倒是掏出來看看啊！

第二種職場碰壁是「掃到颱風尾」型。

這是一種很難解的文化或種族刻板印象，也可以說是偏見。其實每個人生活裡多多少少都有這種刻板印象或偏見，不見得是種族和膚色，可能是一個人的血緣、出生、性別、地域。套在國家、文化、種族上就變成「某國人就是刻板僵硬，一起工作很痛苦」、「某種族人就是很懶，做事超沒效率」。有的是無的放矢的既定印象，有的則是來自之前不好的經驗，「這個國家／種族的人就是這樣」之名便不脛而走。

當然，可能他們就是衰，碰到的都是濫竽，一朝被蛇咬十年怕草繩，實在太怕了，乾脆把來自同樣國家／文化／種族的人全部列為拒絕往來戶。我在人力派遣公司時經常有對方主管直接說「×××國家的都不要安排給我」或「只要姓氏是那個文化的我們都不用」，因為「他們都很爛」。

我相勸：「不要這樣嘛，應該是你之前運氣不好啦，我們這幾個都很好！用過都說讚喔！」

「免談，我用過很、多、個。我給夠機會了，禁不起他們這樣亂。」我只能在心裡為這些員工默哀，抱歉他們成為颱風尾的犧牲品。

當然，員工不會知道這些，雖然他們可能也覺得我們都把工作排給白人或偏好的種族，但我怎麼說得出口：「因為你們的種族／文化／國家被人家說永不錄用。」這種話？

至於那些「欺負自己人」、「不給自己人方便」的，二八二頁的〈平行的世界：打工度假〉會說到，有的人就是真正壞，沒什麼好幫他開脫的。

另一方面，若從另個角度來說，「刁難自己人」或「有什麼好跩」的人，很多都是一路披荊斬棘、努力改變自己、加強自己，好不容易才得到一點小成就。當他們想到自己力爭上游的艱辛，眼看其他人沒有付出相等的努力或無心改變，甚至只指望「自己人」通融或幫忙，難免生出「想想老子／老娘一路怎麼過來，你憑什麼」的憤怒，是某種恨鐵不成鋼。

若遇到了，請不要太快就在心裡罵他們有什麼了不起、擺什麼譜，身段稍微放軟一點，表現出你的誠懇、讓他們看見你的用心，往往會發現很多這樣的人其實很樂意一股腦地跟你分享他的撇步和心路歷程。他們曾經面對的困境有很高的機率就是你將走的路，他們的意見絕對無比寶貴，能幫你省下許多心血和眼淚。

轉念想想，「自己人就是愛欺負自己人」同樣有可能是某種偏見，讓我們反而和珍貴的進步機會失之交臂。

在別人的主場比較吃虧固然難避免，不過我覺得無論是明著忽略還是暗著排斥，都是那個人的人格缺陷。想想，其實他對所有他討厭的人都是這副嘴臉，他討厭人的原因一定不只一個，只是我們剛好中了膚色或種族這項而已，說穿了被排擠的狀態其實是一樣的，也算是一種平等，一種被討厭的平等（誰想要這種平等啊）。

碰到那些把我當不好的氣或是皮笑肉不笑的影帝影后，我一開始也很在意，喔，現在也還是會在意啦，只是以前會覺得信心被打擊得支離破碎，又沒處說，真的是「鼻青臉腫的哭過後還要若無其事地忘記」。現在的我學會把能量放在對的地方，如果是誤解，那就看能不能找到原因盡量調整，無須刻意抹滅原生文化，但總可以找到恰如其分的平衡。

如果面對的是對方的頑固偏見，八十／二十理論用在這裡倒滿適合的，與其糾結在不能改變的人事物上，不如把大部分精力放在能使得上力的地方，直視前方勇往直前，剩下那二十％就拿來當作面對那些難看嘴臉時保持風度和修養的力氣吧。

最尷尬的移民第一代

澳洲所謂的 first-generation 或 first-generation Australians，指的就是像我這種從原本出生成長的國家連根拔起移民到澳洲的「移民第一代」。

根據人口普查，二〇一九年的澳洲人口約兩千五百萬，其中海外移民占七百五十萬，相較於二〇一八年多出了近二十四萬，而且預計接下來每年仍會以差不多的漲幅持續上升。移民中以英國人最多，接著是中國以及緊追在後的印度，其他還包括東北亞、東南亞、地中海和歐洲等地的國家。在節節攀升的移民人口造就多樣化澳洲社會的同時，一些因為語言、觀念、生活習慣和文化差異所產生的分歧，自然也逐漸浮上檯面。

身為移民，離鄉背井的原因各有不同，相同的是都帶著在原生國家已形塑多年的經驗來到一個文化、生活習慣、思考方式全然不同的國度。有人試著融入、試著找到平衡，一邊帶著濃濃的鄉愁，一邊努力打起精神適應新生活；也有人很難改變或不願意改變，最後因為太想家決定打道回府，或是留下了卻不快樂。

有人形容移民第一代就像是漂浮在陽光裡的微粒，陽光很美很好，眾人奮力地在陽光裡追逐跳躍，但始終是缺乏歸屬感的漂泊。移民第一代是最尷尬的一代，無論是為了追求更好的機會還是為了逃離故土的傷害與威脅，「移民」這決定都難免牽扯著那根拋棄家園的負疚神經。在「別人」的領土上踉蹌地試著站穩腳跟卻千頭萬緒不知該從何開始，帶著隱隱作痛的思鄉情緒在新的文化和風俗中浮沉，嘗試調整已經定型的習慣和心態，既想保存自己的文化認同又得順應當地文化。夢裡的家鄉小屋可能再也回不去，寄予新希望的土地又時不時挑戰著「你是不是我們的人」。人生如絮，看似漂流在萬紫千紅中，實是惶惶然不知從何扎根，亦是移民第一代的無奈與困境。

因此，在陌生城市中遇到同鄉人總覺特別溫暖，「老鄉遇老鄉，兩眼淚汪汪」說來俗氣卻描繪得十分貼切，也解釋了為什麼很多移民在選擇居住地時會自然而然地往同鄉多的地區靠攏，方便彼此照料或相約聚會，就像自古以來的唐人街和逐漸發展出來的小臺北、小上海、小印度、小黎巴嫩、小義大利……

隨著來自同一個國家或文化的移民集中圈愈來愈大，某些移民社區可能龐大到自成小型社會，圈子裡的活動益發齊全。

有次在醫院碰到一位說中文的伯伯請我充當翻譯，他說：「妳不要看我現在不會說英文，我們在〇〇國都說英文，我以前英文說得不錯的，結果到澳洲二十六年英文都放袂去了！」

乍聽覺得合理，二十六年誒，語言久了沒用忘記也是正常，但再一想，不對啊大哥，你二十六年是在澳洲，澳洲耶，這國家應該是說英文的吧？難道我誤會了什麼？

「啊唷，我平常哪裡需要說英文啊？我住××區我們說中文就好了，我的客戶也都是說中文的啊，英文全忘光光了啦！」

的確，在移民集中的社區裡，柴米油鹽醬醋茶不但說母語就能順利買到，連在原生國家用慣的商品從種類到品牌都一應俱全，甚至連工作、上銀行、公務機關辦事都可以說母語就搞定。又因為提供相關服務、完成這些鏈結的同樣全部是移民，整個氛圍、文化、方式都和在自己原本國家沒什麼兩樣，親切又方便，對於年紀較大或完全不會英文的「老」移民來說尤其覺得賓至如歸。

澳洲空氣新鮮、社會制度和福利健全、生活舒適又心安，同時還能過著跟在老家一樣的生活，用一樣的調味料煮一樣的食物，從家電到家飾都像沒離開家一樣，或許也算另類的「四海為家」吧。

一踏進這些移民社區，走在路上會有置身外國的錯覺。眼裡看到的人、耳裡聽到的語言、店裡播放的歌、招牌上的文字，甚至聞到的氣味都不像在澳洲，奇妙到就算只是駕車途經該區都能明顯感覺到當地居民連開車習慣都不一樣，讓人大白天的就經歷穿越百慕達三角洲夢一場的虛幻感。

想照著自己原有的方式生活，在新生的土地上遙想家園實屬人之常情，居住其中的人生活方便心情愉悅，不同文化的人想吃道地的某國料理也知道往哪兒去絕對不會錯，怎麼看都是好事一樁！但隨著時間推演，在「home away from home」小確幸的背後，不免衍生出移民社區裡的居民和澳洲主流社會嚴重脫鉤的問題。

由於接觸的資訊都是母語，生活上又完全不用和澳洲社會接觸，很多移民對於澳洲本地發生什麼事、政府有什麼政策，極可能全然不知也不覺得有關心的必要。拜衛星電視、網路直播、電視盒科技之賜，他們只看原生國家的新聞，澳洲的新聞可能還是從原生國家的「國際新聞報導」裡聽說，逐漸地就與澳洲主流社會愈離愈遠（或說從未接近過），文化和風俗隔閡愈來愈深，久而久之便擴大了移民和澳洲本地人間的鴻溝以及對彼此的誤會。

此外，這類移民社區圈多半由一些能說母語也能說不錯英語的人為主要建構者，他們藉著雙語或多語優勢將澳洲社會的資訊、服務等軟體和硬體，或嫁接或轉換成另一個語言乾坤大挪移進入移民社區。不難想像，當社會結構被少數有優勢的人把持時，就會產生較為弱勢者必須默默承受被剝削、被欺凌的社會問題。但礙於語言不通和對澳洲法規、文化的陌生，出了這個自成一格的小世界可能連工作都找不到，加上在這個地區待愈久對外界的恐懼愈深，更不願意也不容易跨出去，成為惡性循環。更糟的是，移民社區裡的工作和待遇選擇相當侷限，長久下來，某些移民集中區因為教育程度和收入所得一直難以提高，不可避免地衍生出許多治安和健康問題。這些一直都在的問題，歲月靜好時相安無事，等到鴻毳沉舟才發現已然根深柢固、盤根錯節。

澳洲政府並非沒有注意到這些問題，這幾年我在正職工作之餘參與了一項州政府健康促進項目的派遣工作：文化支持工作員（Cultural Support Worker），工作內容包括協助翻譯海報、文宣、辦座談會、衛教活動，或是審閱醫療表格和文件中使用的英文是否夠清晰且淺顯易懂等，目的在協助政府把想宣導的健康資訊透過書面資料或面對面的活動，傳達給居住在澳洲但以中文為主要使用語言的人。文化支持部門成立的初衷是想藉由廣納雙語（多語）人士，將政府的健康政策、宣導、衛教帶進那些與澳洲社會隔絕的社區，雖是亡羊補牢，但至少有在補了。

與此同時，二〇二〇年肆虐全球至今的 COVID-19 疫情讓澳洲的移民問題就像鐵達尼號撞上冰山，嗶一下一發不可收拾，將移民社區與澳洲社會隔絕的議題一下子被推到風口。

在多次的社區感染失控後，澳洲政府發現，很多反覆被列為感染源和散播感染最嚴重的區域都是移民集中的社區，由於從新聞報導到政府發布的警告、通知、防疫政策幾乎都無法傳入這些與外界隔絕的小社會，社區居民本身的衛生知識又不夠或不足以應付前所未見且瞬息萬變的疫情，導致後來某些地區甚至得動用軍警進駐站崗這等強制手段，以確保防疫政策能夠實際執行與遵守。

移民社區的防疫問題一路從二〇二〇年延燒到二〇二一年，移民人口比例高的州多次因為疫情擴散到某些特定區域就失控而不得不進入封城。雖說 COVID-19 疫情意外讓移民問題站上浪尖，但就像所有問題一樣，表象從來只是冰山一角，不是幾項政策幾個春秋就可以消弭。

澳洲政府一方面自豪於澳洲是個兼容並蓄的多元文化國家，一方面也無比清楚在移民融合上還有很長的路要走。與其說澳洲的移民融合促進工作是把移民挽進澳洲文化中，讓他們徹底變成澳洲人，更像是把在線兩端的澳洲文化與移民文化各自往中心點拉，試著在眾多的不同中尋找一個能夠互相了解、溝通的立足點，我覺得是一個抱有遠大胸懷的方針。

我很慶幸也很榮幸看見澳洲社會從上到下為這件事做出的努力，參與其中的有澳洲人、有像我這樣的移民第一代，也有很多是親身體驗民族融合的矛盾與衝突的移民第二代。與來自不同文化、國家的文化支持工作員一起工作，讓我有機會走進那些較為封閉的移民社會，看見並認識那個我不曾想像的世界，進而將我所理解到的困難和問題癥結回饋給當局，做為他們與移民族群互動和政策制訂時的參考。

擁有悠久移民歷史的大國總喜歡說自己是文化大熔爐，言下之意就是不管原本是什麼樣子最後都會逐漸同化，好處是大家全融合了，可惜的是每個人都失去了原本的模樣。澳洲不以文化熔爐自居，推崇的是多元多樣的社會，每個人都可以保有自己的樣子，互相學習也互相尊重，讓每一個靈魂都能用自己最舒服的姿態自在生活。澳洲不來西餐中吃、中菜西吃那套，最好是大家能夠一起坐下來，我吃一口你的生魚片，你嘗一盤他的印度咖哩，你們緊緊捏住鼻子但笑著看我大口吃臭豆腐。

不同不是原罪，懂得包容就是大同。

最糾結的移民第二代

夜班安靜時我會讀武俠小說保持清醒，某個夜裡正讀得入迷，突然有人挨過來。

「這……日……傍……晚……兩……人……背……I don't know that word，石……don't know that word either，草……don't know that，間……流……no, don't know this one，飛……來……飛……去……」回頭一看，T醫生正用三秒一個字的速度，一個字、一個字的念著書頁上他僅認得的幾個字。

我白他一眼，「你在幹什麼？」他還繼續念。「嘖，你這樣很干擾我，走開啦！」

「我最多就只能做到這樣了，」T突然沮喪起來，「我好後悔小時候沒學好中文。以前爸媽逼我去中文班，小一點的時候雖然不願意只能乖乖去，等到變成青少年，爸媽管不動，我就乾脆蹺課不去了。現在幾乎不會說，只記得幼幼班時認得的幾個字，雖然知道怎麼發音但其實不懂意思。」

當然，這段話他是用英文說的，要是用中文，等他講完天都亮了我可能還聽不懂得叫他用英文重講。T的父母是移民澳洲的中國人，雖然出生在說中文、拿筷子吃中菜的家庭，T的成長和受教育都在澳洲，從語言、思想到護照都是個不折不扣的澳洲人。

像T這樣生為移民第一代的孩子稱為「移民第二代」（second-generation Australians）。如果說移民第一代是最尷尬的一代，移民第二代就是最糾結的一代，他們碰到的問題比移民第一代更複雜，而且還會因為大環境和政策的改變不停有新挑戰橫空出世。

對澳洲的移民第二代來說，受到環境和政策變遷衝擊最大的第一個問題非語言莫屬，更準確的說是「爸媽的母語」。

身為移民第一代的父母英文程度有別，在家使用的語言習慣和堅持度也不同，有的父母英文不夠好或是覺得孩子應該要會說父母的語言，一直都和孩子說母語，但是孩子愈大和同儕相處的時間愈多，母語漸漸退位變成第二語言，最後成了「爸媽的語言」。愈來愈少用的結果就是聽還可以但有口難言，最後變成爸媽講母語，孩子用英語回應，各自用不同的語言但一樣可以溝通。另一種情況是父母的英文程度不錯，英語母語可交替使用，甚至完全只用英語溝通，這樣的移民第二代能講父母原生語言的機率自然更低。

在移民尚不多的年代，澳洲人講英文那是天經地義，在澳洲生活也只要會講英文就夠，移民第二代不會講爸媽的母語除了有點可惜，對生活並沒有影響。然而，隨著交通和國際政治經貿逐漸發達，政府機關、各行業的跨國公司或想發展海外市場的潛力新創開始用優渥的條件招攬雙語或多語人才，這時就不禁扼腕原本只要從小多動點嘴皮子練習就可以手到擒來的大好機會現在只能拱手讓人。

再隨著澳洲移民政策開放，移民人口快速攀升，移民市場成了一塊香噴噴的大餅。有專業知識和技能的人多得是，但要打進移民市場，語言成了王道。畢竟語言是人際網裡最重要也最直接的工具，一開口就分出是不是自己人，一句話就決定親疏遠近。這種「關係」在職場和生意場上非常現實，尤其是愈趨近金字塔頂端的人彼此條件都很相似，勝負往往就在這種微乎其微的小事上。很多在澳洲出生或到澳洲當小留學生的三高人士——職位高、學歷高、薪水高——都有同樣的遺憾：真後悔當年沒把母語學好！

澳洲過去十幾年大量開放中國移民和商業投資，很多想搶進這個市場的人跑去學中文。花錢來找我學生活中文和專業中文的學生，除了完全不會中文的澳洲白人，更多的是不會講原生母語（爸媽的母語）的華裔。有人後悔當初不聽爸媽的話好好學母語，有人怪當初爸媽覺得把英文學好就好，不重視母語教學。

也是在他們的故事裡我才知道，原來有父母把說母語當成一件丟臉的事，堅持只對孩子說英文，孩子連接觸父母語言的機會都沒有，當然不會說也聽不懂。更有人抱怨，從小爸媽只跟他們說英文，但是爸媽可能英文不夠好或口音重，牙牙學語的孩子依樣畫葫蘆的結果就是上學後被同學取笑講「奇怪的英文」，後來花了好多精力糾正還是難脫用語習慣和淡淡的口音，長相、膚色加上有點口音經常被誤以為是「外國人」，但是冤枉啊自己其實只會說英文。

很多華裔第二代長得一副亞洲臉、冠著一個中國姓，中國客戶或病人宛如膝反射一開口就對著他們講中文，只好很尷尬地向對方道歉，說自己從小在澳洲長大，不會說中文。後果不是客戶或病人不再上門，就是得承受對方臉上露出「你這傢伙數典忘祖」的表情，相當尷尬難受。反正不管什麼原因，現在都只好乖乖掏錢學原本不花一毛錢、不費功夫就能琅琅上口的「母語」。

再來是文化認同的問題。

生為移民第二代，從小就習慣家裡的擺設、裝飾，慶祝的節日和所吃食物都帶著父母的文化背景，孩子還小時覺得理所當然也樂在其中，開始接觸同儕、接觸「澳洲文化」後就起了化學變化。

不同於澳洲大部分幼兒園要自己帶便當，女兒當年的幼兒園有供餐，因此在孩子快畢業前特地舉辦「帶便當日」活動，讓孩子練習一下未來進入小學後自己帶便當、打開便當、吃便當、收便當的程序。那天我剛好有點匆忙，家裡材料又有限，隨便給她包了壽司當便當。女兒回家後卻對我說有個孩子笑她的海苔很像大便，一直指著她說她在吃大便。

我相信那孩子是故意的，畢竟我們住的區日本料理很常見，各大購物中心、美食街、路邊經常有賣手捲和壽司的餐廳與小店，澳洲人也算愛吃日本料理，我不相信那孩子從來沒看過海苔，應該只是覺得取笑人家的食物很好玩才這麼做。雖然我對女兒好好解釋了，她上小學後還是好一陣子不願意帶壽司，直到發現小學裡很多日本孩子的便當不是壽司就是手捲、飯團，這才欣然接受壽司出現在便當盒裡。

女兒的例子算是 happy ending，但很多人的經歷就不這麼美好了。許多移民第二代的童年回憶裡都有因為便當內容被嘲笑或被排擠的經驗，就像電影《我的希臘婚禮》那樣。

便當只是眾多小差異的滄海一粟，觀念、生活習慣、管教孩子的方式、移民父母和澳洲父母間的互動、非得念好學校以律師醫生為職業唯一選項的家庭壓力、家裡說要戴頭巾穿長袖可是朋友流行的是露肚臍細肩帶……族繁不及備載。

移民第二代的孩子往往如此形容自己：「我的××文化父母讓我顯得很怪」、「我的××文化父母讓我被孤立」，社群網站上時不時流傳 kuso 貼圖或影片「亞洲父母都這樣」、「你知道你是亞洲父母的孩子，如果你的父母這樣做」，大部分都很搞笑，笑完又很心疼孩子們在文化認同上所歷經的矛盾與糾結。

讓我印象最深刻的是一支講包裝紙的 YouTube 短片。影片中，移民第二代的 YouTuber 嗤之以鼻地說：「亞洲父母就是會把禮物的包裝紙小心翼翼地拆開，折好，等待下次回收使用。」話聲一落，其他亞裔第二代都心有戚戚焉地鼓掌大笑。

當下我的心突地多跳了一拍，這的的確確是我從小就被教導且習慣會做的事！而且也真的是這樣教我家的「澳洲小孩」。雖然能夠再利用的機會幾乎沒有，但當成勞作也很有用呀，完全沒想過在不同文化的眼中，這種愛惜資源竟然成了一件荒謬甚至丟臉的事。

從那天起，我開始注意澳洲大人與小孩拆禮物的SOP，他們果然都是豪邁地刷一下把精美的包裝紙從最中間扯開，古時妲己愛聽裂帛之聲，澳洲人則是撕爛包裝紙享受拆禮物的痛快！我兒到了會表達自己的年紀時同樣雙眼發亮問我：「媽媽，我可以把它從中間直接撕開嗎？」這麼多年了，雖然我已經不再回收包裝紙，每每看到這一幕，耳裡聽著刷一下的撕裂聲，心裡還是會忍不住「哎呀可惜了」猛跳一下。

但是，如果面對孩子發亮的眼睛，詢問「能不能做和其他澳洲孩子一樣的事」時，父母的回答是不呢？

包裝紙事小，眾多生活的小事累積起來就成了大事。處理得當且幸運的話，移民第二代能將這些差異轉化為兼容並蓄的資產和養分。如果不這麼幸運，孩子會從喜愛父母的文化到發現自己和別的澳洲孩子格格不入，從「這是我的原生文化」到「這是我爸媽的原生文化」，到慢慢覺得父母不願意改變、不願做「澳洲人」，最後變成看不起甚至嫌惡父母的文化。有的人會指責他們數典忘祖，其實孩子是在整個成長過程中經歷了難以言喻的文化錯亂、承受了無比的壓力與掙扎，更糟一點還可能演變成第二代與第一代之間的衝突。

「大衛的爸媽是很傳統的香港人。」黛娜一邊說一邊扶額頭。

黛娜是地道的澳洲白人，未婚夫大衛則是香港移民第二代，在澳洲出生、長大、受教育，一路念到藥學博士，除了會說廣東話這點偶爾提醒大家他的家庭文化背景，大衛從裡到外就是個澳洲人，和黛娜相處起來一點問題都沒有。小倆口最近準備結婚，黛娜卻有點慌張。

「妳知道，我一個人在家時上廁所都不關門的。」這種事我哪知道？好啦那又怎樣？他爸媽又不和你們住，妳愛關不關誰管妳？

「這就是重點。他爸媽有我們房子的鑰匙，有時候我光著屁股上廁所到一半就聽到他們開門進來的聲音。天啊！我家廁所就在大門口旁邊，我尿到一半又不能提著褲子去關門，等於他們一進門就會看見我光個屁股坐在馬桶上，超尷尬的！」

澳洲人如黛娜，這種事當然不用叫準老公去說，直接和準公婆溝通是否可以收回鑰匙改按門鈴，不然最少來之前打個電話問一下方不方便。

「反對！兒子的家就是我們家，想來就來，哪有還要允許的道理。」不等黛娜說完我立刻接話。

「沒錯！天啊二花妳會讀心術！他們就是這樣說的，一字不差！」黛娜睜大眼，一臉驚恐，彷彿我會通靈。

「切，妳以為亞洲家庭的媳婦這麼好當。」

「我是嫁給他又不是嫁給他的家庭，」黛娜這下悶了，「我要和大衛好好談談，他必須清楚知道我不是嫁給他的家庭。結婚是兩個人的事，兩個人之間可以互相遷就，但是我不應該需要遷就他的家庭。」（這段話真不知道要說哭多少亞洲媳婦）

生活的小差異就是這樣變成大問題。移民第二代不但要面對自己矛盾的文化種族認知和定位，在父母和同儕間必須迅速切換頻道才能融入，更有可能變成夾在中間兩面不是人的夾心餅。

除卻原生文化和語言的糾葛，移民第二代的窘境還沒完哩。澳洲近二十年因為移民數量持續升高所出現的封閉移民社區就演化出了另類問題。

在移民人口不多且居住分散的時代，移民第一代和下一代之間產生的是「外國人」和「澳洲人」的衝突與矛盾，但隨著移民集中社區的形成，在移民社區中成長的移民第二代又成了另一款夾心餅。

移民社區中的學校因為單一文化或語言占多數，家長間有共通語言容易建立關係，不會有語言不通打不進白人家長圈而間接影響孩子交友的問題。不僅如此，學校裡從老師到學生可能都說「母語」，英語甚至不是主要語言。

我本來覺得這種情形挺不錯的，真正做到在生活中自然而然習慣兩種語言，多好！直到發現自己的學生明明是在澳洲出生長大上學，英語程度卻奇差，口語表達不如其他澳洲學生，寫出來的作業連基本文法和拼音都七零八落。由於我自己的英文也不是母語所以很少挑剔學生的英文，尤其是國際學生的英文，只要不是差到讀不懂就好，但這明明是澳洲人寫出來的英文，我怎麼看不懂呢？

詢問其他澳洲老師，也請教語言中心的老師，到底是我英文不夠好看不懂，還是真的寫得不對？換來的總是一頓搖頭，「真的很爛」，他們這樣說。追根究柢是因為這些孩子從小到大生活中接觸「母語」的機會比英語多很多，英語的練習反而變得不夠了。很難想像，這些在澳洲教育制度裡長大、在澳洲學校就讀的孩子，竟然連英文都說不好，或是聽講沒問題，但閱讀和寫作可能還不如國際學生。在十二年的義務教育中，因為同學間的狀況都差不多沒有變成問題，進入大學或專科後和來自四面八方的澳洲學生一比較，差別立現。

目前這個缺口還沒有大到變成一個社會問題，可能因為人數還不夠多，進入高等教育後數量又被稀釋了不夠凸顯；也可能這些孩子畢業後最終又回到原本的社區，和澳洲主流社會的斷層於是被掩蓋在移民社區的其他問題裡，但站在教育第一線，很多老師已嗅出了些許差異，移民第二代與澳洲社會的另類斷層正在醞釀發酵。

如果說移民第一代的尷尬和難堪是自找的，移民第二代的困境就是招誰惹誰了啊他們？相較起來，移民第一代其實受到很多重視和討論，移民第二代反而不容易得到理解和寬容，還經常被貼上一些莫名其妙的標籤。在自己生長的國土上不被百分之百認同，到了父母的家鄉又被認為是「外國人」、貼上ABC、ABJ、ABK什麼的標籤，想抒發一下無奈，人家還覺得你兩邊的便宜都占了憑什麼抱怨，何其無辜。很多移民第二代因此不得不把自己武裝起來，表現出一副對原生文化不屑一顧的樣子以證明自己是道地的澳洲人，其實內心深處是連自己都理不清的糾結，和父母的關係更可能因此走入死胡同。

我的工作很難得能夠聽到許多移民第二代的真心話，他們背負著父母的期待，有移民第一代的迷茫，也在兩代、兩國、兩種文化的夾縫中搏鬥，這些都是沒有親身經歷過的人不容易看到的。人生海海，誰會想到有一群「澳洲人」一點都不想特別，只想做個一般般的澳洲人，卻偏生又是這麼的特別。

我的孩子也是這群「特別」的人之一，小學剛入學時我也擔心過，因為家裡都說中文，他們的英文詞彙明顯沒有同齡孩子多。當時很幸運地碰上很懂雙語也很能體諒移民父母的老師，老師說：「其實兩個語言加起來的詞彙遠多過只會說一種語言的孩子，雙語或多語孩子的語言中樞是很發達的，時日一久一定會追上，而且會表現得比只懂一種語言的孩子好。」老師讓我千萬放心，繼續和孩子說最能傳遞真實感情的母語。

等孩子進入青春期，漸漸感覺得到他們內心細微的矛盾。有時喜孜孜地說今天在火車上又偷聽到誰在用中文講什麼壞話被他聽懂了，有時又撇著嘴說哪個大媽一上來就很大聲地用中文問他問題搞得大家都在看他，他很不爽所以假裝聽不懂；或是這學期的科目討論的是中華歷史和文化，很得意自己只要問爸媽就可以解答，有時又因為被先入為主認為不是澳洲人而生氣。我相信，再往前還會有更多笑中帶淚、淚裡有笑也有酸的故事，父母能給的唯有陪伴與理解。

移民第一代的我有屬於我的功課要學習，我的孩子身為移民第二代也將面對他們的考驗。而夾在移民第一代與第二代之間的，是想要傳承文化的渴望和對安身立命的追求，箇中可能是讓兩代間更能相互理解、欣賞並共同成長的接著劑，也可能是布滿對立和不諒解小刺讓彼此漸行漸遠的荊棘。地球村的形成讓移民問題變成很多地方的社會問題甚至國家問題，在每個小家庭屋簷下天天上演的也不輸治國平天下的精彩，願我們都有傾聽、體諒、願意包容也願意為彼此改變的智慧和溫柔。

不陪床的澳洲家屬

「和孩子做朋友」一直很吸引新時代的東方父母，在澳洲這些年眼看澳籍朋友和父母間的關係，自己有孩子後也經常觀察澳洲父母與孩子間的互動，有時相當羨慕他們之間像朋友般的自然相處，親子間的溝通大多以協商的方式進行，雙方都有表達各自意見的權利也有聆聽對方的義務，父母沒有絕對的威嚴，孩子也不被期待要絕對服從，彼此間什麼都可以說的同時，也被允許保有自己的祕密和隱私，感情親密卻又保持著一定的距離。

尤其是成年後，澳洲父母可能知道孩子做哪一行、在哪間公司工作（有時候連這個都不清楚），但不會過問詳細工作內容或薪水，他們覺得這不是我的事而是小孩的隱私；就連婚姻大事父母通常都不是最先知道的，更別說要得到家長的認同或許可才能結婚了。

先不論大環境的文化差異和這樣的親子相處方式對於教養的利弊，在澳洲醫院這麼多年、接觸過無數病人和家屬，倒讓我想從醫院陪床的角度說說關於「和孩子做朋友」這件事我們可能從來沒想過的一面。

在臺灣的醫院裡，「陪床親屬」和牙刷、內褲一樣，幾乎是住院病人的生活必需品，伴侶是第一順位，接著是兒女或媳婦女婿，兄弟姊妹當然也有照顧手足的責任義務，再不然也要請看護。如果都沒有，不但日常生活沒人打理，還會被旁人貼個孤獨老人、子孫不孝或幹了什麼壞事遭到報應的標籤。

在澳洲就不一樣了，根本沒有陪床這回事。病房開張時間規定得很嚴格，時間到了就晚安再見、明天請早，噢，也不要太早，探病時間開始才能來。幾點？大概十點吧。除了特殊情況像是兒童病房或臨終病人，澳洲醫院是不允許親人留宿的。沒錯，就算生完小孩，先生也沒得陪。

澳洲病人和家屬都覺得沒必要陪床，認為不但會影響病人休息，醫護人員也不喜歡，一旦入院就是完全交給醫院，親人老在旁邊打轉反而是對醫護人員的不信任。套句澳洲同事說的：「很不舒服、很奇怪！幹嘛要這樣？」

澳洲人之所以有這樣的認知，是因為澳洲的護理人員什麼都做，這也是我剛開始在澳洲工作時的文化衝擊之一。

臺灣護理人員工作量大，護病比超高，整個班忙得團團轉疲於奔命，要想隨時照料每位病人的日常小事，那是比高齡的阿湯哥還得執行不可能的任務還要不可能。

很多人羨慕澳洲護病比低，真正撩下去才知道根本身心都虛脫。除了護理和治療，還要張羅病人的吃喝拉撒睡，從叫病人起床、餵飯、梳洗、上廁所、洗澡、刷牙、翻身、打電話、撿一下掉到床底的老花眼鏡到晚上蓋被子，統統都是護理人員的事。尤其當好不容易備好無菌區準備拆線換藥，別床病人突然猛按鈴要去上廁所，這種時候真的很想吶喊：「家屬！家屬呢？」

在臺灣，護理人員要替病人換尿片、擦身、如廁時，大部分家屬會一個箭步上前幫忙甚至立刻接手做，病人也偏好由家屬代勞，總覺得把這些高度隱私的事情交給陌生人很尷尬。我身為曾經陪床的親屬，深知有了解病人生活習慣和喜好的親人陪伴左右，不但能提供病人即時性的協助，對穩定病人的心情也有顯著效果。

但是澳洲人不這麼想。

一方面，澳洲是個非常尊重專業的國家，他們尊重專業的文化反映在各行各業和日常生活上。病人和家屬都相信這些事情護理人員最懂，當然是「閃開，讓專業的來」。「你比較懂」（You know best）是他們最常推託，喔不，我是說稱讚專業的一句話。

再來，「和孩子當朋友」的相處模式讓親子間的關係是心靈很親密但肉體很疏遠，年幼時孩子因為沒有對父母威嚴的恐懼所以無話不談相當親密，成年後延續此一模式把對方當成獨立個體的尊重，便使得這種肌膚相親的事情變得無比私密。讓朋友幫你擦屁股、換尿片、倒尿壺，當然會覺得尷尬，尤其是異性親屬。就連扶進廁所、幫忙脫個褲子都要按鈴請護理人員幫忙，因為家屬覺得不好意思，病人也覺得不自在。

我第一次遇到這種情形時相當不習慣。

有次我踏進病房準備替病人擦澡，正好碰上病人已成年的女兒來訪，兩人正聊得興高采烈，感情非常親密的樣子。當時的我還停留在臺灣模式，以為也已經做媽的女兒會在旁邊順便幫個手，沒想到她站起來和媽媽吻別：「那我先迴避了喔，我去樓下喝個咖啡好了。」病人也一副理當如此的揮手掰掰順便幫我帶杯咖啡上來病房的咖啡難喝死了，徒留我在旁邊飽受驚嚇：「蛤？我幫妳媽媽擦澡妳竟然要迴避？」

漸漸地我才了解，這種「朋友關係」讓澳洲父母和孩子間的感情很親密，但同時又彼此獨立，相互之間以禮相待，孩子成年後就是「我們相愛但不是彼此的責任」。在澳洲醫院裡，很少見到澳洲孩子放下工作、家庭、生活，日日夜夜專職照顧病人，即便是癌症病房和臨終病人，都很少看到時刻在側的家屬。

而且澳洲本身就是地大，英語系國家的發展機會相對也多，孩子可能不是遠在開車好幾個鐘頭、好幾天才能到的地方，就是在別的國家生活，能常常打電話已是萬幸，要親自來探病那實在是可遇不可求。平時星期一到五的上班日子，病房總是很冷清，周末或假期才比較會有家屬來陪伴或攜家帶眷來病房坐坐。澳洲人沒有必須為「朋友」放棄或犧牲自己原有生活的文化，病人自己也覺得這是應該的，大家本來就是獨立的個體，生病前就是這樣，生病了也沒有改變的必要。

這讓我忍不住想，和孩子做朋友確實很好很溫馨，但和孩子做朋友，孩子就「只是朋友」，那誰是你的孩子？

澳洲父母心裡可能沒有期待孩子要為自己做什麼，但當必須靠陌生人替自己做最隱私的事時，那種生疏、不好意思多要求、運氣不好碰到不 nice 的人卻無處訴說也無力改變的寂寞和困境，我同樣看在眼裡，那惆悵和失落是真實的。每每讓我想起所謂的承歡膝下，那個「歡」字，以前的我以為就是子孫們都在身邊就很歡喜的意思，但在這些時刻，「歡」似乎又有了不同的意義。

不意外，這些年我也看見了澳洲移民第一代與第二代之間的思想落差與矛盾。從亞洲文化移民到澳洲的父母多少還帶著東方父母對孩子的期待，面對已經徹底變成澳洲人的孩子，有時很難甩脫那股覺得孩子不關心、沒良心，或覺得自己被孩子拋棄了的念頭。年輕力壯時，人人多半覺得自己可以做到在新環境裡適應新的思想、新的親子相處模式，但當身體虛弱了心也脆弱了，這才發現自己沒有原本想像的豁達與堅強。多少次，這些亞洲父母拉著我的手哭訴：「老了，不中用了，孩子不要我了。」

有些很細微的小事沒碰過往往不會想到，小到喝一杯水。

有次夜裡病房鈴響，一位老太太請我替她倒杯水，老太太雖然不是我負責的病人但我注意到她來自香港，不是很會說英文，心想：「那應該是我印象中的亞洲老太太吧！」順手就倒了一杯溫水給她，而不是澳洲人習慣喝的、水龍頭直接流出來的冷水（tap water）。

老太太接過水喝了一口，眼淚突然在眼眶裡打轉。開口說：「我住院這麼久，第一次有人倒給我的水不是冷的。」又接著說：「妳知道，我們亞洲人真的很不習慣喝冰冰的水，尤其我又在生病，怎能喝冷水呢？但是孩子都不來陪我，我這話跟誰說去？誰會在乎妳這個老太婆。妳知道的，我們亞洲文化都是有孩子在身邊，要做什麼叫他們做也比較方便。」

是的，我都知道，但澳洲人不知道，變成澳洲人的孩子也不會知道。

成為母親這些年在澳洲的教養文化和自身傳統觀念間調適，偶爾也掙扎，有時很羨慕澳洲人和孩子做朋友的相處模式，但每每想到「和孩子做朋友，孩子就只是朋友」這件事，未來的某一天，病榻前，身受東方教養、習慣東方親子關係的我，是不是能夠坦然接受我的孩子和我「只是朋友」而沒有一絲失落？

既然在澳洲定居、孩子在澳洲文化裡成長，這恐怕是自己未來不得不面對的課題。到時我會不會感到一絲絲惆悵？心裡會不會燈暗、老師旋律請下「我想做的不只是朋友」呢？

或許，不到那一天，我也沒有答案。

平行的世界：打工度假

從留學生、社會新鮮人、職場新手，到現在好像可以被稱作資深（包括年紀）澳客，這一路走來的橫衝直撞外加匍匐前進，每換一個角色，都讓我重新認識了一次澳洲的不同面向，每一次也都讓我更了解這個大島與自己。殊不知，就在我自以為已經很了解澳洲時，來打工度假的妹妹帶我看見了另一個讓人張嘴大嘆「竟然還有這樣」的澳洲平行時空，以及那個時空裡「在澳洲又不在澳洲」的一群人。

澳洲從一九七五年首次開放打工度假簽證，開放初期以增進國際年輕人的互助與交流為出發點。和澳洲簽有打工度假協議國家的年輕人可以向澳洲申請打工度假簽證，在澳洲一邊玩一邊合法工作賺取旅費和生活費，不用辛苦工作先存一大筆錢才能出國，讓出國開眼界變成一件年輕人能夠輕鬆負擔的事，藉此鼓勵年輕人行萬里路增廣見聞。

和澳洲簽有打工度假協議的國家一開始只有英國、愛爾蘭和加拿大，增加到現在已近五十個國家，並分成「打工度假簽證」（417 Working Holiday Visa）與「打工和度假簽證」（462 Work and Holiday Visa）兩大類。這兩類的不同在於協議要求內容，例如拿四一七簽證協議的國家申請人數不受上限且沒有英文程度門檻，四六二協議各國有點不同，可能有要求英文成績或每年有申請人數上限等。

根據官方統計，澳洲在 COVID -19 疫情爆發前的二〇一八到一九年間發出將近三十多萬張「打工度假簽證」與「打工和度假簽證」，相較於目前數據所及的二〇〇五年增加了快一倍。

打工度假的人口如今逐漸成為補足澳洲短期勞工缺口的主要來源，尤其是人力需求有季節性的農林漁牧業。由於工作辛苦、工作傷害風險高、工時又不穩定，農林漁牧業不容易僱請到澳洲本地人，打工度假成了及時雨，其中又以英國幾乎每年都拿下打工度假人數冠軍，緊跟在後的是南韓、愛爾蘭、德國或法國。臺灣從二〇〇四年與澳洲簽訂協議開始，從每年不到一千人一路急起直追飆升到兩萬多人，甚至一度上看三萬人次。從二〇一〇年起，前往澳洲打工度假的臺灣年輕人每年都在榜上五、六名之間徘徊。

也是在這時，臺灣出現「澳洲工資高，一個星期的工資比臺灣一個月的薪水還高」、「到澳洲打工度假賺回幾百萬臺幣」、「澳洲打工度假一年存到第一桶金」等等喊得滿天全金條的口號，我那容易衝動的牡羊座妹妹於是也在某一年揪團結黨地前進澳洲。

我妹和她朋友都是按部就班的打工度假族，所謂按部就班，就是動身前先在各個澳洲打工度假群組、各種版裡爬那些在澳洲打工度假過或正在澳洲打工度假的人的經驗分享文，順便打聽工作機會、生活方式、觀光景點。

出門在外，首要尋找落腳處，所以第一步是經由口耳相傳或牽線介紹，入住專門租給打工度假客的分租雅房。澳洲對住家的消防規定很嚴格，將一間房子隔成好幾間雅房分租是絕對不合格的，很多留學生為了省錢租過各式各樣不合格的房子，我就有個同學住在雪梨市中心的公寓陽臺。是的，陽臺。原本三房兩廳的公寓被隔成六間房間，連陽臺都當成一間「雅房」出租，冬天寒風直灌冷得要命不說，夏天因為冷氣主機在陽臺，房間直接變烤箱，雨天則當場升級蒸氣室，難怪他一直很瘦。

留學生的租屋已經夠克難了，打工度假的人礙於簽證規定，每幾個月就必須遷徙與換工作，比學生停留的時間更短，願意做短期生意的守法房東卻少之又少，剩下的就是那些看準這點、打定主意削一筆的壞房東。

我不怕說他們壞，他們是壞，真的很壞，把三房兩廳的格局隔成六間房之外，每間房還塞進好幾套上下鋪，一個房間視大小可能住了四到八個人，二十幾坪的空間可能得擠二十幾個人。每天洗澡像搶糧，房間裡延長線和電線層層纏繞，還有四處披掛的浴巾和衣服。我第一次看到時心疼得眼淚都快掉下來，年輕人卻覺得沒關係，反正只是下班回來睡個覺，湊合點便宜就好。

會不會遭到檢舉？有沒有人敢檢舉壞房東呢？不會也不敢，因為這樣會害大家都沒地方住。人人都想，反正只住幾個月就走，忍一下就算了。再加上多數人英語不是很好，對澳洲社會文化也不了解，對澳洲的法規更是不熟悉，就算隱約覺得這樣不對也不知道該從何檢舉起。正因很多打工度假的人倚靠的都是中文資訊，因此在這個和真正的澳洲平行的打工度假時空中，知法犯法、欺負年輕孩子、把他們的生命安全當草芥的壞房東和壞仲介，往往幾乎都是「自己人」。

平行時空裡的工作狀況同樣讓澳洲人想不到。

很多人以為打工度假就是外籍勞工、二等勞工，工資便宜或不受保障是正常的，這完全不對。澳洲政府開放打工度假的目的是在促進交流之餘順便補足勞力缺口，不是引進便宜勞工，真要引進廉價勞工大可開放別的管道，世界上很多國家都有示範。

澳洲有法定底薪，打工度假是政府發出的合法工作證，和所有在澳洲混飯吃的人一樣享有底薪和退休金保障，員工保險也不能少，但這些在平行時空裡全都不算數。

在成年人法定底薪是澳幣十七塊半那一年，雪梨市中心手搖飲店付給打工度假年輕人的薪水是一小時六塊澳幣，現金。表示雇主根本就沒有合法登錄雇員，領取非法低薪的員工當然也就沒有退休金和員工保險。這並不是說這家手搖飲店特別壞，他們只是和其他更多雇主一樣壞。

澳洲退休金制度規定，雇主依法最低必須支付員工所得九・五%進員工選擇的退休金基金公司，澳洲的退休金制度不是必須在某家公司服務滿特定年限才能得到一筆退休金，而是每任雇主根據工時和薪資持續為員工付出對等比例的退休金，這筆錢會存在員工個人的退休金帳戶裡，達到退休金跟著人走的目的。澳洲人一般會在正式退休後申請提領這筆錢，若像打工度假這種短期工作者，則可在工作期滿確定離開澳洲境內後申請提領。

很多打工度假的年輕人不知道這個規定，人生地不熟也沒人可問，老闆說了算，於是老闆省了替員工出退休金的錢但也沒加工資。工資低的結果就是離不開惡劣且危險的租屋環境，形成惡性循環。壞老闆得到便宜的勞工，省了所有合法雇用員工該繳的稅和開支，卻讓打工度假的年輕人領著微薄的工資在澳洲的高物價中捉襟見肘，還拚命努力想存出第一桶金。

最可怕的是因為沒有合法登錄，連員工保險都沒有，若不幸在工作中受傷還得揹上一屁股醫療巨債。

澳洲法律規定每個員工都要有保險，任何因公受傷的意外依法都要向政府的勞工保險報告，承接的保險公司會負擔所有的醫藥費，員工因為受傷無法上班所失去的薪水則由保險公司給付，不會有因公受傷而斷炊的問題。

然而，雖不是雇主自掏腰包，由於隔年的保險費會因此漲價，貪心的雇主往往不願意申請保險理賠而叫你自己想辦法，黑心的雇主則乾脆根本不登錄員工，這樣就連基本的保險費都不用出。

沒有保險的打工度假員工要是不小心受了傷，最好是出國前在自己國家就有保醫療險願意給付，不然全都得自費，受傷無法工作期間更是喝西北風或被迫提早回國，諸如此類的情事即便臺灣的新聞報導過好幾次，正確資訊還是沒有傳達到平行時空裡，就算隱約知道，一樣沒人願意檢舉。

幾次有人硬起來檢舉，網路上卻掀起論戰。有人堂而皇之地出來說打工度假工作難找，指責檢舉者害其他人連這種工作都找不到，要是驚動當局還會因為非法工作而被罰款或是取消簽證遣返回國。澳洲對於違反簽證規定相當記仇，一旦被註記曾經從事非法活動，未來想再申請進入就很難。

事實是，雖然打工度假的原意在增進交流和提供年輕人一個可以負擔的途徑到澳洲遊玩，但這些年下來，澳洲政府早已心知肚明打工度假對於澳洲短期勞工缺口的重要貢獻，如果勞工真的「過剩」，自然不會持續無上限地核發打工度假簽證。道理很簡單，供過於求會威脅澳洲國內原本的就業市場，也會造成社會問題，澳洲政府就算不管打工度假的人死活，也懂得不要激怒自己的勞工和人民。找不到工作不代表沒有工作，拿著打工度假簽證做著合法工作、享有和澳洲所有勞工一樣待遇和福利的人比比皆是，但如果只願意待在特定地方、留在特定圈圈、做特定工作，或是只看某個特定語言的徵人廣告，選擇的權利和空間自然受限，很不幸地就容易碰到黑心人。

澳洲打工度假的限期是一年，如果想延簽一年申請所謂的二簽，得從事澳洲最缺勞工的農林漁牧工作至少三個月。這類工作都是透過正式管道向政府申請的，雇主大多是澳洲本地人，人好不好是一回事，至少工資、保險、退休金會照規矩來。正當我想說雖然工作辛苦了點但至少有保障時，平行時空裡還是發生了令人意想不到的情況。

打工度假由於簽證限制的關係，工作選擇相對侷限，找工作的管道經常只有口耳相傳那幾個，農林漁牧業都在比較偏遠的地方，雇主很多都是澳洲人，放出的資訊當然是英文，對於英文沒那麼好的打工度假者多了層障礙，因應市場需求，因此出現專門介紹前往農場打工度假的仲介。

澳洲各式各樣仲介都有，農場打工仲介不稀奇，但平行時空裡的仲介再次刷新三觀。

農場多半地處偏遠，不像在城市裡容易找租屋或和人合租，僅少數農場提供住宿。於是所謂的仲介就弄了個專門給到農場打工度假的人短暫居住的地方，收費不高，還能和其他打工度假者分享交流，好美好貼心。確實有很美的，但醜陋的更多。

有些仲介四處招攬需要到農場工作以申請二簽的人，收集人數遠多於農場所需，於是只能輪流上班，說得好聽是其他時間可以度假，天曉得荒野一片又沒有代步工具能去哪裡度什麼鬼假。明明農場只需要十個人力，仲介可能一招就是三十個，每個人一星期只輪班兩到三天，三十個人一星期七天的房租卻妥妥地全進了仲介的口袋，仲介從雇主那裡拿的人力仲介費根本就九牛一毛，房租才是真正讓他賺到翻過去的收入。

一個星期三天班卻要付七天房租，偏遠地區沒有其他工作和住宿的選擇，為了繳房租也為了集滿二簽天數只好忍著耗著。惡質仲介想得出這種方法也就經過精密計算，絕對讓你賺得夠付房租，也夠基本生活開銷以維持可憐的生活品質，所以不會被人告發，甚至會告訴接下來的人說沒關係忍一下就過去了，變相地幫壞仲介介紹了更多前仆後繼的生意。

打工度假開放的對象是年輕人，本身可能就沒有太多社會經驗，到了一個法律、制度、規範和社會規則都完全陌生的國度，更是摸不清楚底線和界限在哪裡。農場裡的種種，比起其他被雇主剝削，領著低時薪卻超時工作，被霸凌甚至被肢體欺負了都沒處說的案例，極可能還算是不幸中的大幸。

澳洲法律嚴、罰款重，在我妹帶我進入這平行時空之前，即便知道黑心雇主會鑽漏洞，我也不知道有這麼一大群人被欺負得這麼慘。由於打工度假圈子的封閉性和語言的隔閡，成為很難傳到外界的祕密。澳洲的移民事務聯合常設委員會（Joint Standing Committee on Migration）曾經針對打工度假提出一份報告，裡面就提及非法黑心雇主的亂象，澳洲電視臺也報導過打工度假客遭受到的各種不平等待遇，一時間引起質樸的澳洲社會一片譁然，聲量消退後卻好像又被遺忘了。當我和身邊的澳洲朋友與同事說起這些事，更是沒人相信這等情事正在澳洲真實發生。

留學生因為身分、簽證、生活形態的關係，所認識的澳洲已經不夠廣角，沒想到來短暫打工度假的臺灣年輕人接觸的澳洲竟然更是一個如此畸形的平行時空，這讓我覺得非常可惜也非常心疼。身處平行時空中的那些抱著來看看澳洲、體驗澳洲生活的年輕人呀，很遺憾地，你們人在澳洲沒錯，也看到了澳洲的美麗風景和可愛動物，卻沒有機會認識真正的澳洲社會。

年輕孩子的心很大很寬容，好願意苦中作樂、好願意忍耐、好願意嘗試，這樣一顆能夠撐過熬過種種辛苦與酸楚的心，背後是多麼強大的夢想在支撐著呢，真的不該只看到澳洲的醜陋與冷漠。

跨出舒適圈的確很難，但若想認識和體驗真正的澳洲，請試著用不習慣、不自在的方式嘗試，拋開既有的行為和想法，才有可能接軌不同的文化和思考模式，也才是當初決心暫時拋下一切走出來看看的初衷呀！否則白走了這一遭，花了寶貴的青春時光卻得到不開心的經驗、錯誤的認知，更慘的可能還搞得一身傷或揹了一身債，唯一的收穫大概是發現自己遠比想像中的有韌性、能吃苦耐勞。

很多人說澳洲工資很高不像臺灣只有二十三K，打工度假一年就可以賺到第一桶金，我卻更相信，只要拿出在澳洲打工度假那種超時工作、什麼勞動苦工都願意撩下去做、願意委身在糟糕到危險的生活空間裡只為了省錢的決心和毅力，在臺灣一樣也能賺到第一桶、第二桶金。還不如到時再拿那個錢到澳洲來舒舒服服的玩和生活，認識真正的澳洲。

尾聲

所有的不同，就只是不同

從一個臺灣土生土長受教育的臺客，到移民澳洲近二十個年頭的澳客；從對澳洲的片段猜測與想像，到初來乍到時的文化衝擊與後來的每次大修與微調，我在生活與職場角色的一次次轉換中體驗文化差異，也在反思與理解中逐漸了解——所有的不同，就只是不同，無關是非優劣。

謝謝大家跟著我換上不同的鏡片，一同窺探澳洲各面向的文化與生活。但我想說，經常，我們看到的那些大好大壞，都是擷取出來的樣本，當用精華對照芸芸眾生的平均值時，理所當然地反映出某些不足與不夠好，反之以最壞對照時又感到些許優越，但濃縮其中的得失並無二致。

我出生在臺北，也直到二十幾歲才真的離開臺北，沒想到一離開就是半個地球之遙，記憶裡的田埂不知道什麼時候竟成了科學園區。然而，那些成長歲月決定了我的立足點和面對不同文化的出發點，最後成為一個個故事的起點。
謝謝大家聽我的故事，祝願你我的每件生活小事，終將成為永恆故事。

ACROSS 056

澳洲認真使用須知：一枚資深澳客的真情分析與隨興採樣

作　者—二花小姐
責任編輯—陳詠瑜
行銷企畫—林欣梅
校　對—聞若婷
封面設計—FE工作室
內頁設計—張靜怡

編輯總監—蘇清霖
董 事 長—趙政岷
出 版 者—時報文化出版企業股份有限公司
一〇八〇一九臺北市和平西路三段二四〇號三樓
發行專線—（〇二）二三〇六—六八四二
讀者服務專線—〇八〇〇—二三一—七〇五
（〇二）二三〇四—七一〇三
讀者服務傳真—（〇二）二三〇四—六八五八
郵撥—一九三四四七二四時報文化出版公司
信箱—一〇八九九臺北華江橋郵局第九九信箱
時報悅讀網—http://www.readingtimes.com.tw
電子郵件信箱—newstudy@readingtimes.com.tw
時報出版愛讀者粉絲團—https://www.facebook.com/readingtimes.2
法律顧問—理律法律事務所　陳長文律師、李念祖律師
印　刷—綋億印刷有限公司
初版一刷—二〇二一年十一月五日
定　價—新臺幣三六〇元

時報文化出版公司成立於一九七五年，
一九九九年股票上櫃公開發行，二〇〇八年脫離中時集團非屬旺中，
以「尊重智慧與創意的文化事業」為信念。

澳洲認真使用須知：一枚資深澳客的真情分析與隨興採樣／二花小姐著. -- 初版. -- 臺北市：時報文化出版企業股份有限公司，2021.11
296面；14.8×21公分. --（Across；56）
ISBN 978-957-13-9507-4（平裝）

1. 文化　2. 社會生活　3. 澳大利亞

771.3　　110015863

ISBN 978-957-13-9507-4
Printed in Taiwan